대리님 세무 신고 이렇게 하는 게 맞아요?

대리님

세무 신고

이렇게

하는 게

맞아요?

홍지영, 김혜진 지음

요걸미디어

위기의 신입 사원!

(부가 가치세) (종합 소득세) (4대 보험) (회계 실무)

일러두기

· 본 도서는 국립국어원 표기 규정 및 외래어 표기 규정을 준수하였습니다.

　다만 현장에서 사용하는 용어와 서식에서 사용하는 용어의 경우 실제 사용되는 용어로 표기하였습니다.

· 본 도서는 발행일을 기준으로 작성하였습니다.

목차

프롤로그

2020년 10월, 통창으로 들어오는 양양 죽도 해변의 햇살을 받으며 제법 작가 흉내를 내었다. 굳이 서울에서 34인치 모니터를 챙겨가 양양까지 가야만 글을 쓸 수 있는 책이냐며 남편에게 핀잔을 들었지만, 청량한 바닷바람과 햇살을 받으며 한적하게 글만 쓸 수 있다는 행복을 만끽하고 왔다. 그 좋은 풍경에 일만 하는 것이 처량하다 할 수도 있겠지만, 육아와 일을 병행하는 폭풍 같은 워킹맘의 삶에서 무엇인가에 오롯이 집중할 수 있는 시간에 감사했다.

첫 제안을 받았던 2019년으로부터 벌써 2년이나 시간이 흘러 드디어 책을 출간한다니 믿기지 않는 일이다. 바쁜 업무와 일상에서 이 책을 포기하고 싶을 때, 공저자이자 동료인 김혜진 세무사의 도움이 있어 이 책이 출간될 수 있었기에 감사함을 전하고 싶다.

책을 잘 쓸 수 있도록 늘 용기를 북돋아 주고, 제 역할을 충실히 해준 회사의 모든 직원분들에게도 감사하다. 또한, 동에 번쩍 서에 번쩍 피곤한 삶만 골라서 사는 나를 믿고 전적으로 지지해 주는 우리 가족, 그리고 아들 시우에게도 감사함을 전한다.

2019년부터 지금까지 나에게는 큰 변화가 많았다. 세무사홍지영사무소를 세무법인으로 전환하고, 2층 단독주택 사무실로 이사하였으며, 직원은 4배가량 늘었다. 유튜브 채널은 구독자 1만 명을 돌파하고, 여러 강연과 채널에 출연도 했다.

무언가를 목표로 바라고 달렸다기보다는 그저 하나씩 닥친 일을 하고 이다음은 무엇이 있을까 궁금해 하는 일들의 반복이었다. 이 책 또한 그런 연장선으로 신입 직원에게 필요한 내용을 담아내려고 노력했고, 이다음에는 또 내가 생각지도 못한 일이 생길 것이라는 기대가 된다.

신입으로서 세무 업무가 어려운 이들에게 조금이나마 도움이 되었으면 좋겠고, 그 처음의 열정을 응원한다. 마지막으로 노력보다 더 크게 채워주시는 하나님께도 감사드린다.

홍지영

프롤로그

2019년 7월 출판사로부터 메일을 받았다. 세무 실무에 관련된 책을 고민하던 터에 홍 세무사님께 연락한 것이다. 한 해의 세무 신고 일정으로는 바쁜 일이 거의 마무리된 시점인지라 특별한 고민 없이 우리는 출판사의 제안을 수락했다. 하지만 2019년부터 2020년까지 회사는 엄청난 성장과 더불어 구성원의 교체도 일어났다. 마치 사춘기 같은 질풍노도의 시기를 겪으면서 쉽게 진행될 줄 알았던 책 쓰기는 점점 멀어져갔다. 세무 일정에서 가장 바쁜 상반기 시즌 시작이라는 큰 산을 앞두고 우리는 일정상 책을 쓸 수 있을지 결정해야 했다. 사실 세무사무소의 대표인 홍 세무사님은 조직을 이끌어가는 리더로서 고민이 가장 많았을 것이다. 그래서 내가 저질렀다. 내가 좀 더 열심히 해볼 테니 이 책을 완성하자고 설득했다. 이 기회가 아니면 직접 책을 써볼 기회가 쉽게 오지 않을 것 같아 욕심을 부렸다.

나는 처음부터 세무사는 아니었다. 취업 재수라는 것을 직접 겪으며 정말 힘들게 취업한 기업에서 약 5년간 근무했다. 그 회사에서 뼈를 묻을 줄 알았다. 열심히 일하고 승진해서 임원까지 되고 싶었지만, 몇 년간의 회사 생활은 나를 많이 바꾸어 놓았다. 그때 결심했다. 직장보다는 직업이 갖고 싶었다. 과감하게 회사를 그만두고 늦깎이 수험생활을 했다. 홍 세무사님의 도움으로 어렵지만 든든하게 세무사의 길을 걸을 수 있었다.

세무사가 되고 홍 세무사님과 함께 일하기 시작하면서 우리는 지난 몇 년간 그려왔

던 것처럼 재미있게 일하고 신나게 살 수 있을 줄 알았다. 하지만 현실은 달랐다. 나는 그냥 기업 경력이 있는 30대의 수습 세무사일 뿐이었고, 처음 접하는 실무는 이론만큼 만만치 않았다.

이제는 진짜 실전이었다. 거래처에 실수할까 항상 마음을 졸였고, 10살 어린 대리님께 질문할 때도 매번 눈치가 보였다. 세무사랍시고 뽑아놨는데, 거침없이 일할 줄 알았더니 그냥 아무것도 모르는 하룻강아지(라고 하기엔 나이가 많았지만)였다. 그 당시 나를 키워준(?) 직원들(대리는 물론 나보다 몇 달 일찍 입사한 신입도 있었다)도 나 때문에 속이 터지고 고생이 많았을 것이다. 지금 와서 말이지만, 그때 그분들에게 미안하고 고맙다(다행히 지금은 사람 노릇 하고 있다).

그래서 이 책을 쓰고 싶었다. 수험서 밖으로 나와 실전에 부딪혀야 했던 그 시절, 진짜 서럽고 힘들었다. 지금 생각하면 아무것도 아닌 일인데 그때는 정말 마음졸이며 하루하루 버텼다. 그런 심정인 친구들이 읽어줬으면 좋겠다. 우리가 쓴 이 책이 완벽한 실무서라고 할 수는 없지만, 적어도 서럽고 겁이 난 신입 사원이 가방에서 살며시 꺼내서 매뉴얼처럼 열어보기엔 꽤 괜찮은 책이 될 것이라고 믿는다.

우리를 끝까지 포기하지 않았던 김아영 에디터님, 감사합니다. 덕분에 이 책이 세상에 나오는 거예요. 내가 욕심부린 것에 비해 더 많은 것을 해주신 홍 세무사님, 항상 감사합니다. 뭐 고마운 마음이야 어찌 다 표현하리오. 항상 묵묵히 고생해 주는 우리 회사 식구들도 고맙습니다. 출간 파티해요. 그리고 책 써야 한다면서 질질 미룰 때도 나를 등 떠밀어 준 우리 남편, 감사합니다.

김혜진

용어 정리

실무에서 접하는 가장 기본적인 용어입니다. 업무의 효율과 본문의 내용을 잘 이해하기 위해서라도 용어를 익혀두는 것이 좋습니다.

간이세액표 원천징수의무자(회사)가 매월분의 근로소득을 지급할 때의 원천징수하는 세액을 나타내는 표로 월 급여 수준과 공제대상 부양가족 수별로 세액이 기재되어 있다. 홈택스에서 조회가 가능하다.

경비율 매출에서 차지하는 경비의 비율을 말한다. 종합소득세 신고 시 적용하는 경비율은 단순경비율과 기준경비율이 있다. 단순경비율은 신규 사업자이거나 직전 연도 수입금액이 정부에서 고시하는 기준금액 이하인 사업자에게 적용하는 것으로 기준경비율보다 경비율이 높다. 기준경비율은 직전 연도 수입금액이 정부에서 고시하는 기준금액을 초과하는 사업자에게 적용하는 것으로 주요경비(매입비용, 임차료 등)를 제외한 나머지 비용의 매출액 대비율이므로 단순경비율보다는 낮다.

고정자산 일시적으로 사용하는 자산이 아니라 부동산, 기계, 설비, 차량 등 장기간 보유하고 있는 자산이다. 유형자산(건물, 토지, 기계, 차량 등)과 무형자산(영업권, 특허권 등)으로 구분한다. 고정자산의 경우 취득연도에 전액 비용 처리되지 않고, 자산별 상각 기간에 따라 감가상각되면서 비용처리가 된다.

공급가액 부가가치세의 과세표준액, 매출액을 말한다.

공급대가 재화나 용역을 제공하고 지급 받은 대가로 공급가액에 부가가치세액을 더한 금액이다.

기준소득월액 국민연금에서 연금보험료를 산정하고 급여를 계산하기 위하여 가입자의 소득액을 기초로 소득을 천 원 미만은 절사하여 만 원 단위로 표준화한 금액이다. 이때 비과세 근로소득은 제외한다.

단시간 근로자 1주 동안 소정근로시간이 사업장 내에서 같은 종류의 업무에 종사하는 통상 근로자와 비교했을 때 짧은 근로자를 말한다. 국민연금법 시행령 제2조, 제4호에서는 1개월 동안의 소정 근로시간이 60시간 미만인 단시간 근로자는 근로자에서 제외하고 있다. 이는 초단시간 근로자로 분류한다.

보수총액 고용, 산재보험에서 쓰이는 용어로 근로의 대가로 받은 보수에서 비과세 근로소득을 제외한 금액이다.

보수총액신고 매년 2월 말일까지 사용자가 전년도 건강보험 직장가입자에게 지급한 총액을 국민건강보험공단에 신고하는 것이다. 보수총액신고를 거쳐 매년 4월에 전년도 건강보험료 정산이 이루어진다. 국민연금의 소득총액신고와 유사한 개념이다.

비정규직 근로자 근로 방식이나 근로시간, 고용 형태 등에서 정규직 근로자가 아닌 근로자를 말한다. 정규직 근로자는 사용자와 고용계약을 체결하고 근로기준법상의 보호를 받게 되지만, 비정규직 근로자는 일반적 고용이 이루어지는 것이 아니라, 일시적 직종이나 용역직·임시직·시간직·계약직·재택 근무 등 근로계약기간이 단기간이거나 일정한 기간을 단위로 계약하는 고용 형태의 근로자이다. 4대보험의 가입 여부를 판단하는 기준은 아니다.

사업장가입자(직장가입자) 4대보험 적용 사업장에 종사하는 근로자와 사용자를 말한다.

상용직 근로자 회사와 근로자 간에 근로하기로 한 기간이 정해지지 않은, 쉽게 말해 정규직 근로 형태이다. 당사자끼리 정한 소정근로일과 소정근로시간에 대해서 근로제공의무와 임금지급의무가 발생한다. 근로시간에 따라 통상 근로자와 단시간 근로자로 구분할 수 있다.

소득총액신고 국민연금에서 사용하는 용어로 사업장가입자에게 적용할 기준소득월액을 결정하기 위하여 매년 5월 말일까지 사용자와 근로자의 전년도 소득액(연말정산한 근로소득)을 국민연금공단에 신고하는 것으로 관할 세무서에 소득을 신고한 경우 공단에 대한 소득총액신고를 생략할 수 있다.

수임동의 국세청에 납세자의 세무대리인으로 등록하는 과정으로 세무대리인이 요청하면 해당 납세자가 확인 후 수락한다. 홈택스에서 신청 가능하며 납세자가 공인인증서 사용이 불가능한 경우 세무서에 방문하여 신청할 수 있다.

연말정산간소화 근로자의 연말정산 소득·세액공제를 위해 각종 증명서류를 제출해야 하는데, 은행·학교·병원 등 영수증 발급기관이 전산 파일로 제출한 증명서류를 국세청에서 정리하여 근로자에게 제공하는 서비스이다. 근로소득자는 연말정산 신고 시 홈택스에서 출력 및 다운로드한 증명서류를 소속회사(원천징수의무자)에 제출하면 된다.

일용직 근로자 1일 단위의 계약기간으로 고용되는 계약 형식의 근로자를 말한다. 명시적인 근로계약서가 없더라도 고용된 날 또는 기산일로부터 1개월간 8일 이상 근무하거나 60시간 이상 근무한 경우에는 사업장가입자로 적용한다.

임의가입자 4대보험의 사업장가입자 및 지역가입자 등 의무가입대상에는 해당되지 않지만 본인이 원하여 4대보험에 가입한 사람을 말한다.

적격증빙 세금계산서, 계산서, 신용카드 매출전표, 직불카드, 현금영수증 등 세금을 신고할 때 비용으로 인정받기 위한 서류이다.

정규직 근로자 회사와 근로자가 직접 근로계약을 체결하여 사업장 내에서 전일제(full-time)로 근무하면서 근로계약기간의 정함이 없이 정년까지 고용이 보장되는 근로자를 말한다.

지역가입자 4대보험 사업장가입자가 아닌 자. 단, 타 공적연금 가입자나 별도의 소득이 없는 배우자, 퇴직연금 등 수급권자, 18세 이상 23세 미만의 학생, 군인 등은 제외한다.

차인지급액 세전 급여에서 4대보험 및 소득세 등을 공제하고 실제로 지급하는 금액이다.

통상 근로자 업무에 종사하는 자 중 정규 형태의 근로자는 없지만 해당 업무에 종사하는 전일제 근로자이다.

통상임금 사업주가 근로자에게 정기적이고 일률적으로 소정근로 또는 총 근로에 대하여 지급하기로 정한 시간급, 일급, 주급, 월급 또는 도급 금액이다.

평균소득월액 매년 12월 31일 현재 사업장가입자 및 지역가입자 전원의 기준소득월액 총액을 사업장가입자 및 지역가입자 전원의 수로 나누어 산정한 평균액이다.

필요경비 총수입금액에 대응하는 비용으로 매출을 일으키기 위해 사용하는 경비이다.

1

연간 세무 일정

연간 세무 일정을 숙지한다면 업무의 흐름을 익히는 데 도움이 됩니다. 세무 일정에 따라 해야 할 일이 파악되면 업무 계획을 세우기도 좋습니다. 세무 일정을 놓치면 가산세를 납부하게 되니 업무 실수를 줄이기 위해서라도 일정 관리는 필수입니다. 법인사업자와 개인사업자는 납부하는 세금이 달라 세무 일정이 다르게 적용됩니다. 법인사업자는 **부가가치세, 법인세, 원천세**를 신고·납부하고 개인사업자는 **부가가치세, 종합소득세, 원천세**를 신고·납부합니다. 사업자가 없는 프리랜서라면 부가가치세나 원천세는 신고·납부하지 않지만, 종합소득세는 반드시 신고·납부합니다.

법인사업자

법인사업자의 부가가치세는 '사업자등록번호'를 기준으로 합니다. 법인이라면 분기별, 총 4번의 부가가치세를 신고합니다.

법인세는 회계 산정 기간이 1월~12월 기준(12월 결산)으로 다음 해 3월 31일까지입니다. 간혹 다른 월 기준인 결산 법인이라면 결산월로부터 3개월이 되는 달의 말일까지 법인세를 신고·납부해야 합니다. 8월에는 그해의 1월~6월(12월 말 법인 기준)까지의 법인세를 신고하는 법인세 중간예납 신고납부가 있습니다. 이때에는 직접 1~6월 결산을 하여 신고하는 방법과 직전년도 법인세납부세액을 기준으로 신고하는 방법을 선택할 수 있습니다.

원천세는 급여를 지급한 달 기준으로 그다음 달 10일까지입니다. 근로소득자가 있다면 매달 신고했던 내역을 모아 다음 해 2월 연말정산을 진행하게 됩니다. 법인 내에 다른 근로자 없이 대표 혼자만 있더라도 대표에게 근로소득을 지급했다면 연말정산은 필수입니다.

부가가치세		법인세

부가가치세

법인세

1월 25일까지 — **1월**
전년 4분기(10월~12월)

2월 — 임직원 연말정산

3월 — **3월 1일~31일**
전년도 법인세 신고·납부

4월 25일까지 — **4월**
1분기(1월~3월)

5월

6월

7월 25일까지 — **7월**
2분기(4월~6월)

8월 — **8월 31일**
법인세 중간예납 신고·납부

9월

10월 25일까지 — **10월**
3분기(7월~9월)

11월

12월

개인사업자

개인사업자의 부가가치세 역시 '사업자등록번호'를 기준으로 부가가치세를 신고합니다. 예를 들어 개인이 운영하는 사업장이 3개라면 3건의 부가가치세를 신고해야 하고, 만약 2명의 공동 대표가 운영하는 사업장이라도 사업자등록 기준 1건의 부가가치세를 신고하게 됩니다. 법인사업자는 분기마다 4번 신고·납부하지만 개인사업자는 1기, 2기로 나누어져 2번만 신고합니다. 대신 개인사업자는 예정고지가 있어 1월과 7월에 신고한 세액의 50%가 4월과 10월에 예정고지세액으로 부과됩니다. 과세관청에서는 현금 유동성을 확보할 수 있고, 사업자의 입장에서는 세금을 나눠서 납부하기 때문에 부담이 줄어드는 장점이 있습니다. 따라서 개인사업자의 부가가치세 신고는 2번, 납부는 4번입니다. 만약 확정신고 때의 세액이 60만 원 이하여서 그 금액의 50% 금액이 30만 원 미만이라면 예정고지는 나오지 않습니다.

개인사업자의 종합소득세는 '주민등록번호'를 기준으로 신고합니다. 따라서 개인이 운영하는 사업체가 여러 개이고, 여러 소득이 발생하더라도 개인 주민등록번호로 1건만 신고합니다. 1월~12월의 종합소득세는 다음 해 5월에 신고하면 됩니다. 원천세는 급여를 지급한 달 기준으로 그다음 달 10일까지 신고해야 합니다. 근로소득자가 있다면 매달 신고했던 내역을 모아 다음 해 2월 연말정산을 진행합니다.

	월	
1월 25일까지	1월	
전년 2기 부가가치세 확정신고·납부		
	2월	임직원 연말정산
	3월	
4월 25일까지	4월	
1기 부가가치세 예정고지·납부		
	5월	**5월 1일~31일**
		전년도 종합소득세 신고·납부
	6월	
7월 25일까지	7월	
1기 부가가치세 확정신고·납부		
	8월	
	9월	
10월 25일까지	10월	
2기 부가가치세 예정고지·납부		
	11월	**11월 30일**
		종합소득세 중간예납 신고·납부
	12월	

Q 정해진 신고기한을 지키지 않으면 어떻게 되나요?

A 정해진 신고기한을 지키지 못하여 신고기한 이후에 신고를 하는 것을 '기한 후 신고'라고 부릅니다. 정해진 기간 안에 의무를 다하지 못한 만큼 감면 등의 혜택에서 배제되고 가산세를 물게 될 수 있습니다.

따라서, 자료가 구비되지 않았더라도 우선 신고를 하고, 추후에 보완하는 '수정신고'가 가능하니 반드시 신고기한을 지키기 바랍니다.

홈택스

국세청 홈택스, 가깝지만 먼 당신 같은 곳이죠. 연말정산 시즌에 회사에서 제출하라는 연말정산 간소화 자료를 뽑으러 접속한 것이 전부였던 홈택스이지만, 조금만 알아보면 활용 방법이 무궁무진합니다. 특히 세금과 관련한 거의 모든 것은 홈택스를 통하지 않을 수가 없습니다. 꼭 알아두어야 할 홈택스 사용 방법을 소개합니다.

사업자등록

직접 세무서에 방문해야만 사업자등록을 할 수 있는 것이 아닙니다. 홈택스를 통해서도 충분히 가능합니다. 세무대리인의 경우에도 대표자 개인의 수임동의가 되어 있는 상태라면 대리 등록 신청이 가능합니다.

◆ 개인사업자 등록(단독 대표) ◆

❶ 홈택스 사업자등록 화면에서 [(개인)사업자등록 신청]을 클릭합니다.

❷ * 표시가 있는 항목은 필수 기재 사항으로 모두 꼼꼼하게 기입하세요. 기본 주소는 사업장이 운영될 소재지의 주소를 입력합니다. 인적 사항 작성 후 [업종 입력/수정]을 눌러주세요.

사업자 등록신청(개인) 개인사업자등록을 신청하는 민원입니다.

● 인적사항 입력

◎ 기본정보

* 상호명(단체명)		사업장전화번호	☐ - ☐ - ☐
* 주민등록번호	☐ - ☐	자택전화번호	☐ - ☐ - ☐
* 성명(대표자)		팩스번호	☐ - ☐ - ☐
휴대전화번호	선택 ▾ - ☐ - ☐	국세정보문자수신동의	◎ 동의함 ◎ 동의하지않음
전자메일주소	☐ @ 직접입력 ▾	국세정보이메일수신동의	◎ 동의함 ◎ 동의하지않음

◎ 사업장(단체) 소재지

* 주소지 동일여부	◎ 여 ◉ 부	
* 기본주소	우편번호 ☐ 주소검색	
	도로명주소	
	지번주소	
	건물명 ☐ 동 ☐ 층 ☐ 호	
	기타주소	

● 업종 선택 ☞ 전체업종 내려받기 [업종 입력/수정] 선택내용 삭제

선택	업종구분	업종코드	업태명	업종명	산업분류코드	제출서류

◎ 사업장정보 추가입력

· 선택한 업종이 영위하고자 하는 사업 내용을 정확하게 반영하지 못하는 경우에는, 실제 영위하고자 하는 사업에 대한 설명을 추가 입력하시기 바랍니다.

❸ 팝업창이 뜨면 해당되는 업종코드를 검색합니다. 주업종과 부업종을 복수 선택할 수 있습니다. [등록하기]를 누른 후 선택한 업종이 잘 등록되었는지 확인하고 [업종 등록]을 눌러 기존 화면으로 돌아옵니다.

업종 선택 ✕

• (업종입력방법) ① 업종코드의 [검색] 클릭 후 업종 조회 및 선택 → ② [등록하기] 클릭 → ③ 목록 확인 후 [업종 등록]을 클릭

업종구분	⦿ 주업종 ○ 부업종	업종코드		검색
업태명		종목명		
산업분류코드		산업분류명		

초기화 등록하기

선택내용 삭제

선택	구분	업종코드	업태명	업종명	산업분류코드	

업종 등록 닫기

❹ 사업자 정보입력에서 [개업일자]를 선택합니다. 신청하는 날보다 20일 이전의 날짜라면 미등록 가산세(미등록기간의 총수입금액×1%)가 부가되니 주의합니다. 사업장 소재지의 임대차내역을 입력하고, 사업자 유형도 선택합니다. 사업자 유형에는 '일반, 간이, 면세, 법인 아닌 종교단체, 종교단체 이외의 비사업자'가 있습니다.

❺ 임대차내역 입력의 사업장구분에서 '타인 소유'를 선택할 경우 다음과 같은 화면이 나옵니다. [임대차 입력/수정]을 눌러줍니다. '본인 소유'를 선택한 경우 ❺, ❻, ❼ 단계는 건너뛰어 주세요.

선택	사업자등록번호	상호(법인명)	법인등록번호	주민등록번호	성명	임차부동산	계약일자

❻ 임대인 정보 중 사업자등록번호, 주민등록번호, 법인등록번호 중 하나의 항목은 꼭 입력해야 합니다. * 표시는 필수적으로 필요한 내용을 모두 입력하고 [등록하기]를 눌러주세요

❼ 제출 서류를 추가하는 팝업창이 뜨면 필요한 서류를 모두 첨부해 주세요. 이 중 임대차계약서 사본을 필수로 첨부해야 합니다. 등록이나 허가 업종의 경우 관련 증빙을 첨부해 주세요. 사업자등록증 신청에 관한 처리는 1~3일 정도 소요됩니다.

제출서류 선택   제출서류예시

※ 첨부가능 파일형식 : PDF 파일, 이미지 파일(JPG, PNG, GIF, TIF, BMP)
※ 관련서식(HWP)를 내려받은 후 PDF로 변환하여 첨부서류에 추가할 수 있습니다.
   * 한글 파일(HWP)의 PDF 변환은 한글프로그램에서 파일-인쇄-PDF인쇄 기능을 이용
※ 첨부한 제출서류는 다음화면의 '제출서류 확인하기'를 통해 확인 가능합니다.
   * 첨부한 내용이 육안으로 식별 불가능한 경우, 업무처리가 지연될 수 있습니다.

· 첨부서류
- 대상 파일선택

서식명	파일찾기
[공통]임대차계약서 사본(사업장을 임차한 경우에 한함)	파일찾기
[공통]등록이나 허가업종 영위시 그 허가(신고증) 사본 또는 사업계획서	파일찾기
[공통]동업계약서(공동사업자인 경우)	파일찾기
[공통]자금출처 소명서(금지금 도/소매업, 과세유흥장소에서의 영업)	파일찾기
[재외국인]재외국민등록증 또는 등록부등본 또는 여권사본, 납세관리인설정신고	파일찾기
[개인으로보는단체]정관,협약 등 조직과 운영등에 관한 규정	파일찾기

· 제출파일목록   파일삭제

☐	NO	제출파일명	파일크기

※ 동일한 파일은 한 번만 첨부됩니다

닫기   다음

Q 단독대표가 아닌 공동사업자 신청도 가능한가요?

A 홈택스에서 공동사업자의 사업자등록 신청도 가능합니다.

❶ 사업자등록 신청화면에서 공동사업사선정을 '있음'으로 선택합니다. 최초에 입력한 대표의 지분율이 100% 되어 있을 테니 수정을 눌러 지분율을 조절합니다.

❷ 공동사업자의 정보를 입력하고 등록합니다.

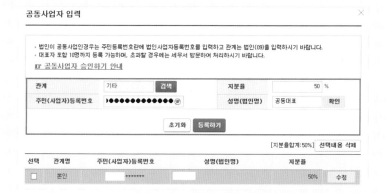

❸ 신청 대표자가 아닌 다른 공동대표자가 공인인증서로 홈택스에 로그인하여 신청/제출 > 사업자등록 신청에서 [공동사업자(대표) 승인하기]를 눌러주세요.

❹ 해당 인증처리가 완료되면 사업자등록신청 화면에서 [다음]을 누르고 진행할 수 있습니다. 첨부서류 화면에서 '동업계약서'를 첨부합니다. 해당 계약서는 별도로 정해진 서식은 없습니다.

◆ 법인사업자 등록(단독대표, 본점) ◆

법인사업자는 등록 이전에 법인 설립등기가 되어야 합니다. 법인등기부등본과 법인 명의 임대차계약서를 미리 준비하세요. 법인 대표자 개인의 수임동의가 된 세무대리인도 대리 신청이 가능합니다.

❶ 사업자등록 신청 중 [(법인)사업자등록 신청]을 눌러주세요.

❷ ★ 필수 입력 사항을 모두 작성합니다.

❸ '법인성격'의 [검색]에서 해당 사항을 고른 후 활성화되는 칸에 입력하세요.

❹ 유동자산이 헷갈리는 경우 법인 등기부등본상의 자본금을 입력합니다. 업종을 검색하여 등록하고, 임대차내역은 본인 소유와 타인 소유 중 선택하여 작성합니다. (타인 소유 시 P.26 참고)

● 설립등기일 현재 기본 재무현황
◎ 기본정보

| 자산계 | | 천원 | 유동자산 | | 천원 | 고정자산 | | 천원 |
| 부채계 | | 천원 | 유동부채 | | 천원 | 고정부채 | | 천원 |

● 업종 선택

☞ 전체업종 내려받기　[업종 입력/수정]　[선택내용 삭제]

선택	업종구분	업종코드	업태명	업종명	산업분류코드	제출서류

◎ 사업장정보 추가입력

· 선택한 업종이 영위하고자 하는 사업 내용을 정확하게 반영하지 못하는 경우에는, 실제 영위하고자 하는 사업에 대한 설명을 추가 입력하시기 바랍니다.

사업설명	

● 사업장 정보입력
◎ 기본정보

| 사업(수익사업) 개업일자 | 📅 | 고유목적사업 개시일자 | 📅 |
| 종업원수 | 명 | 부가세여부 | ◉ 여 ○ 부 |

◎ 임대차내역 입력

사업장구분	◉ 본인소유 ○ 타인소유(법인포함)
자가면적	____ m² ─── 평　×m²은 자동으로 평으로 변환됨
타가면적	0 m²　0 평　×m²은 자동으로 평으로 변환됨

❺ 앞장의 ❹에서 필요한 내용을 모두 입력하고 저장한 후 다음 단계에서 제출 서류 선택 팝업창이 뜹니다. 주주명부, 법인인감도장(날인본), 임대차계약서, 정관 등을 첨부하고 최종 제출을 완료합니다. 사업자등록증 신청에 관한 처리는 1~3일 정도 소요됩니다.

제출서류 선택　　　　　　　　　　　　　　　　　제출서류예시

※ 첨부가능 파일형식 : **PDF 파일**, 이미지 파일(**JPG, PNG, GIF, TIF, BMP**)
※ 관련서식(HWP)을 내려받은 후 PDF로 변환하여 첨부서류에 추가할 수 있습니다.
　＊ 한글 파일(HWP)의 PDF 변환은 한글프로그램에서 파일-인쇄-PDF인쇄 기능을 이용
※ 첨부한 제출서류는 다음화면의 '제출서류 확인하기'를 통해 확인 가능합니다.
　＊ 첨부한 내용이 육안으로 식별 불가능한 경우, 업무처리가 지연될 수 있습니다.

・**첨부서류**
- 대상 파일선택

서식명	파일찾기
[공통]주주 또는 출자자명세서	파일찾기
[공통]법인도장	파일찾기
[공통]현물출자명세서(현물출자법인인 경우)	파일찾기
[공통]임대차계약서 사본	파일찾기
[공통]등록이나 허가업종 영위 시 그 사본	파일찾기
[공통]상가건물 임대차보호법의 적용을 받는 상가건물의 일부 임차한 경우 해당…	파일찾기

・**제출파일목록**　　　　　　　　　　　　　　　　　　　　　　　　파일삭제

☐	NO	제출파일명	파일크기

민원증명

은행이나 각종 기관에서 여러 자료를 요청하는 경우가 있습니다. 소득이나 세금과 관련한 대부분의 증빙은 홈택스에서 확인이 가능하니 미리 알아두었다가 적시에 활용하세요.

◆ 자주 쓰는 민원증명 ◆

❶ 사업자등록증 재발급: 사업자등록증을 분실한 경우 신청하면 됩니다. 세무서에 방문하면 빳빳하고 두꺼운 종이에 출력된 사업자등록증 원본을 받을 수 있습니다.

❷ 사업자등록증명: 출력 당일 사업자의 실질적 사업 상태를 알 수 있는 서류입니다. 사업자등록증이 없을 때 해당 서류로 갈음하기도 합니다.

❸ 휴업사실증명/폐업사실증명: 휴업/폐업을 증명해야 할 때 발급받습니다.

❹ 납세증명서(국세완납증명): 체납된 국세가 없다면(모두 완납했다면), 출력이 가능합니다. 증명서 본문에 특별한 내용이 기재되어 있지는 않습니다. 주로 관공서 및 공공기관과 거래에서 대금을 수령할 때 필수서류로 활용됩니다.

❺ 납부내역증명(납세사실증명): 세목별로 납부한 세금이 모두 기재되어 있습니다.

❻ 소득금액증명: 개인의 종합소득금액에 대해 확인이 필요한 경우 주민등록번호로 조회하여 발급 받습니다. 법인사업자는 발급이 불가능합니다.

❼ 부가가치세 과세표준증명: 사업자의 부가가치세 과세표준을 확인합니다. 결산 완료된 재무제표가 나오기 전 해당 자료로 매출 확인을 할 수 있습니다. 주로 대출 시 금융기관에 제출할 때 많이 사용되며, 금융기관에서는 회사의 매출규모를 파악하는 자료로 사용합니다.

❽ 부가가치세 면세사업자 수입금액증명: 면세사업자는 부가가치세 신고를 하지 않고, 사업장현황신고를 하게 됩니다. 따라서 해당 서류로 수입금액을 증명합니다.

❾ 표준재무제표증명: 개인사업자의 종합소득세 신고 완료, 법인사업자의 법인세 신고 완료 후 해당 서류를 발급받을 수 있습니다. 개인사업자가 추계로 신고한 경우 해당 서류는 발급이 불가합니다.

◆ My홈택스 ◆

홈택스 메뉴 중 'My홈택스'에서는 여러 정보를 확인할 수 있습니다. 세무대리인을
수임동의하거나 해임할 수도 있고, 최근에 신고 납부한 세금 현황도 확인할 수 있습
니다. 또한 세무조사 이력이나 세무서 담당자, 납부 결과 및 환급, 고지, 체납, 압류
내역 등도 알 수 있습니다.

◆ 근로소득간이세액표 ◆

근로소득은 과세대상 급여액과 부양가족의 수에 따라 매월 급여에서 근로소득세가 원천징수됩니다. 이때 원천징수되는 세액은 간이세액표에 따라 결정이 되는데, 홈택스에서 근로소득간이세액을 바로 조회할 수 있습니다.

◆ 기준 단순 경비율(업종코드) ◆

업종코드가 궁금하거나 업종에 따른 경비율이 궁금할 때 조회하는 메뉴입니다.

❶ 기타 조회 > 기준 단순 경비율(업종코드)를 클릭하여 업종코드를 검색합니다.

❷ 해당 업종을 골라 조회하기를 누릅니다.

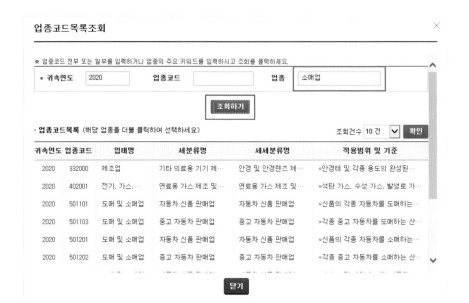

❸ 조회 후 정보를 통해 해당 업종의 업종코드, 기준경비율 및 단순경비율을 확인할 수 있습니다.

◆ 우리 회사의 담당 세무서 공무원 찾기 ◆

우리 회사를 담당하는 관할 세무서 공무원을 바로 확인할 수 있다면 문의 사항이 생기거나 필요한 업무 요청을 할 때 유용합니다. 민원실로 전화해 담당자에게 도달할 때까지 돌고 도는 시간을 줄일 수 있겠죠. 홈택스에서 My홈택스의 메뉴를 이용하면 담당 공무원을 바로 확인할 수 있습니다.

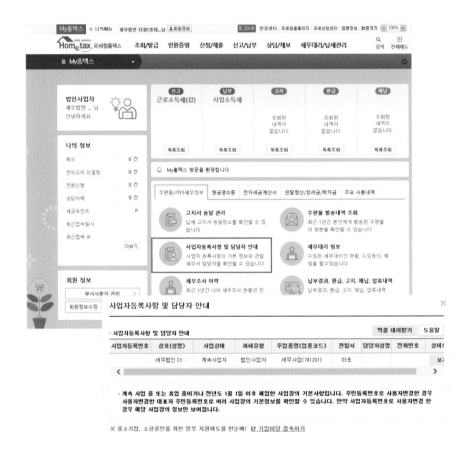

◆ 지방세 및 건강보험 ◆

지방세 관련 증빙과 건강보험 자격득실확인은 정부24 홈페이지(www.gov.kr)에서 발급 가능합니다. 법인사업자는 법인 공인인증서로, 개인사업자는 대표자 개인인증서로만 로그인이 가능합니다. 지방세와 관련된 업무(신고, 납부, 증명서 발급)는 위택스(www.wetax.go.kr)에서도 가능합니다.

3

부가가치세

상품을 거래하거나 서비스를 공급하는 과정에서 부가되는 세금을 부가가치세라고 부릅니다. 부가가치세를 납부하는 주체는 사업자이지만, 실제로 부담하게 되는 이는 물건이나 서비스를 구매하는 소비자로, 이렇게 실제 세금을 내는 자와 그 세금을 부담하는 자가 다른 경우를 간접세라고합니다.

부가가치세는 거의 모든 곳에 부과됩니다. 우리가 11만 원짜리 물건을 구입하였다면 이 중 1만 원은 부가가치세, 10만 원은 물건 가격이라고 볼 수 있습니다. 사업자는 부가가치세에 해당하는 1만 원을 소비자로부터 받아서 신고기한에 납부하게 됩니다. 이 경우 사업자는 보통 11만 원이 매출이라고 생각할 수 있지만, 사실은 10만 원만이 사업자의 매출이 되는 셈이지요.

부가가치세는 사업자가 공급 과정에서 새롭게 부가된 가치만을 대상으로 과세되므로 10만 원의 물건을 판매하기 위해서 원재료를 4만 원에 공급받았다면 증가된 부가가치 즉, 6만원의 10%에 대한 6천 원을 부가가치세로 납부해야 합니다. 다만, 이 4만 원의 원재료 가격을 증빙하기 위해서는 세금계산서 등 적격증빙을 갖추어야 합니다. 그렇기 때문에 매출 매입의 증빙자료를 꼼꼼하게 챙겨야 합니다.

부가가치세법상 사업자의 구분

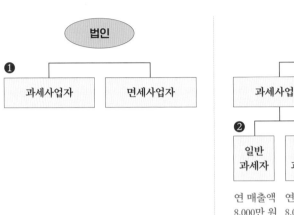

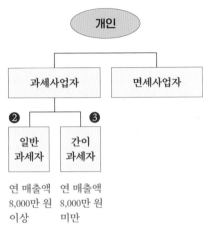

법인

❶
| 과세사업자 | 면세사업자 |

개인

| 과세사업자 | 면세사업자 |

❷ ❸

| 일반
과세자 | 간이
과세자 |

연 매출액 8,000만 원 이상   연 매출액 8,000만 원 미만

◆ 언제 신고하나요? ◆

❶ 법인사업자(일반과세자): 4번 신고 / 4번 납부

	1기 예정신고	1기 확정신고	2기 예정신고	2기 확정신고
신고기한	4월 25일	7월 25일	10월 25일	1월 25일
과세기간	1월 1일 ~ 3월 31일	4월 1일 ~ 6월 30일	7월 1일 ~ 9월 30일	10월 1일 ~ 12월 31일

❷ 개인사업자(일반과세자): 2번 신고 / 4번 납부

	1기 예정고지	1기 확정신고	2기 예정고지	2기 확정신고
신고(징수)기한	4월 25일	7월 25일	10월 25일	1월 25일
과세기간	1월 1일 ~ 3월 31일	4월 1일 ~ 6월 30일	7월 1일 ~ 9월 30일	10월 1일 ~ 12월 31일

법인사업자는 1년간 부가가치세에 대하여 2번의 예정신고와 2번의 확정신고, 총 4번의 신고납부를 하게 됩니다. 개인사업자는 1월과 7월에 2번의 확정신고를 합니다. 그리고 확정신고한 세액의 50%가 4월과 10월에 예정고지세액으로 부과됩니다. 예를 들어 7월에 100만 원을 신고·납부했다면 3개월이 지난 10월에 50만 원의 예정고지가 나오게 됩니다. 실제로 7월~12월 동안 사업을 한 후 1월에 부가가치세를 계산했더니 120만 원이라면 10월에 납부한 50만 원은 차감하고 70만 원만 납부하게 됩니다. 그리고 4월에는 1월 부가가치세액 120만 원의 50%인 60만 원을 예정고지 받게 됩니다. 예정고지세액이 30만 원 미만이거나 간이과세자에서 일반과세자로 변경된 경우에는 징수하지 않습니다.

예외적으로 각 예정신고기간분에 대해 조기환급을 받으려 하거나, 예정신고기간의 공급가액(또는 납부세액)이 직전과세기간의 공급가액(또는 납부세액)의 1/3에 미달한다면, 예정신고납부를 할 수 있습니다.

❸ 개인사업자(간이과세자): 1번 신고

	예정고지	확정신고
신고(징수)기한	7월 25일	1월 25일
과세기간	1월 1일 ~ 6월 30일	1월 1일 ~ 12월 31일

예정고지세액이 30만 원 미만이거나 간이과세자에서 일반과세자로 변경된 경우 예정고지를 하지 않습니다(납부세액 없음).

◆ 예외적인 과세기간 ◆

❶ 신규로 사업 시작: 사업 개시일부터 그 날이 속하는 과세기간의 종료일

❷ 사업자 폐업: 개시일부터 폐업일(다음 달 25일까지 폐업부가세 신고)

....

김대리에게 물어보세요

Q 조기환급은 왜 받는 걸까요?

A 일반적으로 부가가치세 환급은 신고기한 종료 후 30일 이내에 진행됩니다. 다음과 같은 상황에서는 신고 후 15일 이내에 환급됩니다.

· 영세율을 적용받는 경우 매출에 대한 부가세율이 0%라, 매입에 대하여 전액 환급이 발생합니다.

· 사업 설비를 신설, 취득, 확장 또는 증축했을 때 일시적으로 사업과 관련된 고정자산을 취득하여 자금이 부족하므로 해당 부가가치세를 조기에 환급해 주어 사업자의 자금부담을 덜기 위함입니다.

· 재무구조개선계획을 이행 중인 경우입니다.

Q 예정고지 금액이 너무 많이 나왔는데요. 막상 이번 분기에 매출이 많지 않을 경우는 어떻게 해야 하나요?

A 만약 예정고지가 500만 원이 나왔다면, 직전 확정신고 시에 1억 원의 순이익이 발생해서 1,000만 원의 부가가치세를 신고납부했다는 얘기죠. 그런

데 이번 과세기간는 매출이 부진하여 3개월 동안 매출이 2천만 원 밖에 발생하지 않았다면(3개월 동안 직전 6개월 매출의 1/3도 나오지 않은 상황), 그런 경우 500만 원의 예정고지세액을 내지 않고 예정신고를 하여 200만 원의 세금만 내면 됩니다.

Q 매출이 없어도 부가세신고를 하나요?

A 네 신고해야 합니다. 매출이 전혀 없더라도 매입, 즉 물건이나 원재료를 구입한 것에 대해서는 환급을 받을 수 있습니다. 또한 매출이 없다는 의미는 세금계산서를 발행하지 않았다는 것이고, 실제로 현금 매출이 발생했다면 그 부분에 대해서는 신고해야 합니다.

◆ 간이과세자와 면세사업자는 어떻게 다를까? ◆

간이과세자

부가가치세법상 개인사업자는 일반과세자와 간이과세자로 나눕니다. 간이과세는 직전 연도 공급대가가 8,000만 원에 미달하는 영세한 개인사업자에게 간편하게 신고하고 적은 세액을 납부할 수 있도록 한 것입니다. 신규사업자의 경우에는 직전 연도 공급대가가 없으므로 업종이나 지역 등 요건에 반하지 않으면 간이과세를 선택할 수 있습니다. 단, 대표자가 일반과세사업자가 있는 경우 간이과세사업자를 선택할 수 없습니다.

❶ 기준금액 인상(공급대가 기준): 4,800만 원 → 8,000만 원

❷ 세금계산서 의무 발행사업자 예외

· 간이과세자 중 신규사업자 및 직전 연도 공급대가 합계액이 4,800만 원 미만 사업자

· 주로 사업자가 아닌 자에게 재화, 용역을 공급하는 사업자(예: 소매업, 음식점업, 숙박업, 미용, 욕탕 등 유사 서비스업, 여객운송업 등)

❸ 간이과세 배제 업종 추가

· 기존: 광업, 제조업, 도매업, 부동산매매업, 과세유흥장소, 부동산임대업, 변호사, 세무사 등 전문자격사

· 추가: 상품중개업, 전기가스증기 및 수도업, 건설업, 전문과학 및 기술서비스업, 사업시설관리 사업지원 및 임대서비스업

❹ 납부세액 계산서 업종별 부가가치율 세분화

❺ 3,000만 원 미만은 납부 면제: 부가가치세 신고는 하되 납부는 면제

2021년 7월 1일부터 간이과세자가 두 종류로 나뉩니다.

❶ 간이과세자: 직전 연도 공급대가 합계액이 4,800만 원 미만으로 영수증만 발급하여야 하는 사업자로서 세금계산서를 발급할 수 없음

❷ 간이과세자(세금계산서 발급사업자): 직전 연도 공급대가 합계액이 4,800만 원 이상~8,000만 원 미만으로 세금계산서 발급 의무가 있음

김대리에게 물어보세요

Q 간이과세자는 세금을 적게 내니까 세금계산서를 받지 않아도 될까요?

A 간이과세자와 일반과세자는 부가가치세법상 납세의무자를 구분하는 유형입니다. 간이과세자는 매출이 적어 종합소득세 부담이 크지 않을 수는 있습니다. 만약 간이과세자로 등록된 신규사업자인데 첫해에 매출이 크다면 (업종마다 기준 다름) 증빙이 없으면 종합소득세의 부담이 매우 커질 수 있으니 주의하세요. 간이과세자이기에 증빙이 필요 없다는 것은 매우 위험한 생각이기에 매입 증빙을 꼭 받는 것이 중요합니다.

면세사업자

면세사업자는 부가가치세법상 납세의무가 없는 사업자를 말합니다. 면세대상업종은 정해진 항목만 가능합니다.

면세의 취지	면세 대상
기초생활필수품·용역	· 미가공 식료품 및 비식용 농·축·수·임산물 · 수돗물, 연탄과 무연탄 · 여성 위생용품 · 여객운송용역 · 주택과 그 부수 토지의 임대용역
국민후생·문화 관련 재화·용역	· 의료보건용역과 혈액 · 교육용역 · 도서(대여포함)·신문·잡지 및 뉴스통신(광고 제외) · 예술창작품·예술, 문화행사·아마추어 운동 경기 · 도서관, 과학관, 박물관, 동물원, 식물원 등 입장
부가가치 구성 요소	· 토지의 공급 · 인적용역 · 금융보험용역
기타 재화·용역	· 국가등이 공급하는 법 소정의 재화·용역 · 국가 등에 무상으로 공급하는 재화·용역

위의 재화나 용역을 공급하면 부가가치세법상 부가가치세를 신고하거나 납부할 의무가 없지만, 법인세 또는 소득세 납부의무는 있으니 유의하세요.

영세율과 면세는 서로 완전히 다른 제도이므로 반드시 구분해서 알아두어야 합니다.

구분	영세율	면세
의의	부가가치세법상 일정한 재화나 용역의 공급에 대해 0%의 세율을 적용하는 제도	일정한 재화나 용역의 공급에 대해 부가가치세 납세의무를 면제하는 것
적용 범위	· 수출하는 재화(중계무역, 위탁판매수출, 외국인도수출, 위탁가공무역) · 용역의 국외공급 · 외국항행용역 · 외화 획득 재화 또는 용역의 공급	· 기초생활필수품, 용역 · 국민후생, 문화 관련 재화, 용역 · 토지, 인적용역, 금융보험 · 국가 및 공익 관련 재화, 용역
세율	0%	없음
신고 의무	부가가치세 신고 의무가 있음 (관련 서류 첨부 제출)	· 부가가치세 신고 의무는 없으나, 매입처별세금계산서합계표를 제출 · 사업장현황신고서 제출
환급	매입세액 환급(매출세액이 '0'이기 때문)	불가

부가가치세 신고

◆ 부가가치세 제출 서류 ◆

부가가치세 신고 방법은 업종과 업체별로 다양한 상황이 있지만, 부가가치세 신고를 진행하기 위한 일반적인 내용을 소개합니다. 부가가치세를 신고할 때 가장 중요한 것은 '적격증빙'입니다. 적격증빙을 구비하고 상황에 맞추어 다음의 서식을 제대로 제출해야 합니다. 부가가치세 신고서 이외의 서식은 해당 시에만 제출하는 것으로 업종별, 상황별 체크가 필요합니다.

일반과세자	간이과세자
부가가치세(예정 or 확정)신고서 매출처별세금계산서합계표 매입처별세금계산서합계표	부가가치세(예정 or 확정)신고서 매출처별세금계산서합계표
<해당 시에만 제출> 영세율 매출명세서 및 영세율 첨부서류 매출처별계산서합계표 매입처별계산서합계표 신용카드수령금액합계표 신용카드매출전표발행집계표 부동산임대공급가액명세서 건물등감가상각자산취득명세서 매입세액불공제내역 건물관리명세서 현금매출명세서 의제매입세액공제신고서 대손세액공제신고서	<해당 시에만 제출> 영세율 매출명세서 및 영세율 첨부서류 부동산임대공급가액명세서 사업장현황명세서(음식, 숙박, 기타 서비스업 확정신고 시) 의제매입세액신고서

부가가치세 가이드북 참고하기

업종별, 상황별에 따른 자세한 사항은 국제상담센터에서 반드시 확인 후 제출합니다.
국세상담센터(call.nts.go.kr) > 홈택스 이용정보 > 부가가치세 신고 > 참고자료 게시
판 내 '부가가치세 전자신고 가이드북'

홈택스에서 신고하기(개인, 일반과세자, 정기신고)

❶ 홈택스(www.hometax.go.kr)에 사업자 공인인증서로 로그인합니다. [신고/납부] >
[부가가치세]를 선택합니다.

❷ 일반과세자 > [정기신고(확정/예정)]을 선택합니다. 기한 후 신고, 수정신고, 경정청구 등 상황에 맞게 선택할 수 있습니다.

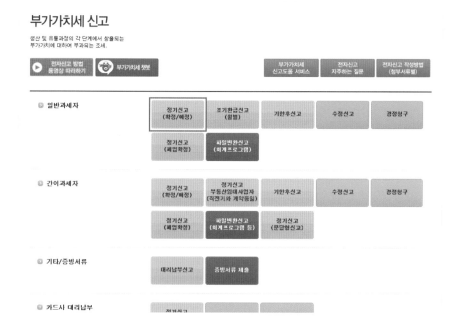

❸ 신고대상기간을 확인하고, 사업자등록번호를 입력한 후 [확인]을 누릅니다. 사업자세부사항이 조회되면 확인하고 [저장 후 다음이동]을 누릅니다. 만약 매출, 매입이 없다면 무실적신고를 눌러주세요.

❹ 제출할 서식을 선택합니다. 예시에서는 가장 기본이 되는 서식만 선택하였습니다. 업체별로 다를 수 있으니, 정확히 확인합니다.

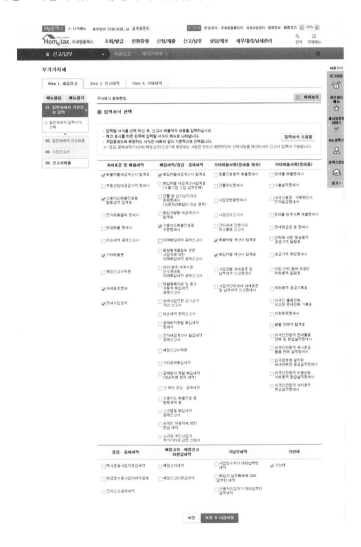

❺ 과세표준 및 매출세액, 과세표준명세의 [작성하기]를 각각 눌러서 해당되는 내용을 조회합니다.

➲ 신고내용(앞쪽)

- 일반과세자 과세표준 신고서를 입력하는 화면입니다.
- 신고내용 입력시 **"작성하기"** 버튼을 클릭하거나 왼쪽의 선택메뉴를 클릭하시면 해당 서식으로 이동합니다.
- 작성하기 버튼이 없는 경우 신고내용을 직접 입력하시기 바랍니다.
- ※ 【미리보기】 는 "신고서입력완료" 버튼을 누르신후 보셔야 작성된 첨부서류내용이 신고서반영되어 보여집니다.

◎ 과세표준 및 매출세액

(단위:원)

항목		금액		세율	세액
과세 세금계산서 발급분	(1)	❻ 0	작성하기	10 / 100	0
과세 매입자발행 세금계산서	(2)	0		10 / 100	0
과세 신용카드 · 현금영수증 발행분	(3)	❼ 0	작성하기	10 / 100	0
과세 기타(정규영수증 외 매출분)	(4)	0	작성하기	10 / 100	0
영세율 세금계산서 발급분	(5)	0	작성하기	0 / 100	
영세율 기타	(6)	0	작성하기	0 / 100	
예정신고 누락분	(7)	0	작성하기		0
대손세액 가감	(8)		작성하기		0
합계	(9)	0		㉖	0

◎ 과세표준명세

(단위:원)

금액 [0] [작성하기] ※ 과세표준금액을 업종별로 구분하여 작성합니다.

※ "과세표준 및 매출세액"을 작성하신 분은 "매입세액" 작성전 반드시 먼저 작성하시기 바랍니다.

❻ [과세 세금계산서 발급분]을 누르면 '매출처별세금계산서합계표'가 나옵니다. 상단에 [전자세금계산서 불러오기]를 눌러주세요. 종이로 발행한 세금계산서가 있 거나 해당 과세기간이 지나서 발행한 세금계산서의 경우 공란에 직접 입력하여 작 성합니다. 작성 후 [입력완료]를 눌러주세요.

❼ 첫 화면인 '과세표준 및 매출세액'에서 [과세 신용카드·현금영수증 발행분]을 누르면 아래와 같은 화면이 나옵니다. 신용카드매출금액등 발행금액집계표의 [작성하기]를 눌러주세요.

🔵 기타매출분

• 세금계산서를 발행하지 않은 매출금액을 입력하는 화면입니다.
• 과세분과 영세율 적용분을 구분하여 입력하십시오.

부동산임대공급가액 명세서	작성하기	금액	0
현금매출명세서	작성하기	금액	0

> 부동산임대공급가액명세서에서 작성한 보증금이자 합계 [0] 원을
> 기타(정규영수증 외 매출분) 금액에 포함하여 입력하시기 바랍니다.

🔘 과세분 (단위:원)
※ 예정신고 누락분 금액은 제외하고 입력하십시오.

(3)신용카드 · 현금영수증 발행분 금액	0	세액(10/100)	0
(4)기타(정규영수증 외 매출분) 금액	0	세액(10/100)	0

※ 아래 [신용카드매출전표등 발행금액집계표, 전자화폐결제명세서]를 작성하시면 신용카드·현금영수증 발행분 금액, 세액이 자동으로 입력됩니다.
(단위:원)

신용카드매출금액등 발행금액집계표	작성하기	금액	0
전자화폐결제명세서	작성하기	금액	0

🔘 영세율분 (단위:원)
※ 신용카드나 현금영수증 발행분 금액 또는 기타(정규영수증 외 매출분) 금액 중 영세율 매출이 있는 경우 기재하십시오.
예정신고 누락분 금액은 제외하고 입력하십시오.

(6)영세율 기타 매출분 금액	0	세액(0/100)	

이전 입력완료

❽ [발행내역조회]를 각각 눌러 금액을 확인하고 [입력완료]를 눌러주세요.

● 신용카드 매출전표등 발행금액집계표

〔도움말〕

- 최종소비자를 대상으로 하는 소매업, 음식업, 숙박업 등을 영위하는 사업자가 신용카드 매출전표를 발행한 경우 작성합니다.
- ※ 신용카드매출전표, 현금영수증 발행금액은 부가가치세를 포함한 금액으로 입력해야 합니다.
- **결제대행(택시, 이니시스, kcp 등) 사업자를 통해 결제한 신용카드 • 선불전자지급수단 등 매출 자료는 제공되지 않으므로 해당 업체에 직접 확인하시기 바랍니다.**

(단위:원)

구분	신용 · 직불 · 기명식 선불카드	현금영수증	직불 · 기명식 선불전자지급수단	합계
합계				
과세매출분				
면세매출분				
봉사료				

※ 발행금액조회 버튼을 클릭하시면 신고기간에 해당하는 신용 · 직불 · 기명식선불카드 발행내역을 조회할 수 있습니다.

신용 · 직불 · 기명식선불 카드 매출총액	〔발행내역조회〕	현금영수증 매출총액	〔발행내역조회〕

● 신용카드 매출전표 등 발행금액 중 세금계산서(계산서) 발급내역

※ 신용카드나 현금영수증 매출분 중 세금계산서(계산서)를 교부한 경우 아래의 항목에 입력하십시오.

(단위:원)

세금계산서 발급금액	계산서 발급금액

〔이전〕 〔입력완료〕

신용카드 매출자료 조회

- 신용카드로 일어난 매출자료로 **부가세 포함, 현금영수증발행 금액은 제외된 자료**입니다.
- **신용카드 결제금액은 직불카드, 현금IC카드 결제금액을 포함**하고 있습니다.
- **구매전용카드 결제금액은 주류구매전용카드 결제금액을 포함**하고 있습니다.
- 판매대행 또는 결제대행업체를 통한 신용카드 결제금액은 제외되어 있습니다. 판매대행 사 또는 결제대행사에 매출금액을 확인 후 포함하여 신고하시기 바랍니다.
- 신용카드 매출자료는 사용자의 세무처리 등에 도움을 주기 위하여 제공하는 것으로 매출액 등의 차이가 있을 수 있으므로, 참고 자료로만 이용하시기 바랍니다.

◉ 신용카드 매출자료 조회

- 사업자등록번호 611 - 85 - 07488 세무법인 더봄(홍대점)　　결제년도 [2021▼]년 [1분기▼] ~ [2분기▼]　[조회하기]

순번	승인년월	건수	매출액계	신용카드 결제	구매전용카드 결제	봉사료
합계		0	0	0	0	0

조회된 내역이 없습니다.

◉ 이용안내

- 신용카드 자료는 매월 15일경에 직전월 자료까지 포함하여 제공합니다
- 현금IC카드 자료는 부가세 신고월에 직전분기 자료까지 포함하여 제공합니다
  - 1~3월 매출자료: 4월 10일경 제공　4~6월 매출자료: 7월10일경 제공
  - 7~9월 매출자료: 10월 10일경 제공　10~12월 매출자료: 1월 10일경 제공

현금영수증 매출내역누계 조회

사업자등록번호	611-85-07488	상호	세무법인 더봄(홍대점)

조회년도 [2020년▼] -전체- ▼　　　　　　　　　　　　　　　　　　[조회하기]

◉ 사업자 발행내역 (발행세액공제 대상)　　　　　　　　　　　[매출내역조회] [인쇄]

거래년월	공급가액	부가세	봉사료	총금액	거래건수

조회된 내역이 없습니다.

◉ 국세청 발행내역 (발행세액공제 제외대상)

거래년월	공급가액	부가세	봉사료	총금액	거래건수

조회된 내역이 없습니다.

◉ 현금매출명세서 발행내역

거래년월	공급가액	부가세	봉사료	총금액	거래건수

조회된 내역이 없습니다.

- **정오(12시) 이전**에는 전산처리 일정상 전일의 거래내역이 반영되지 않을 수 있음.

❾ 매입세액에서도 [작성하기]를 눌러 내용을 조회하고 입력합니다.

◎ 매입세액

(단위:원)

항목		금액		세율	세액
세금계산서수취분 일반매입	(10)	0	작성하기		0
세금계산서수취분 수출기업 수입 납부유예	(10-1)		작성하기		0
세금계산서수취분 고정자산 매입	(11)	0	작성하기		0
예정신고 누락분	(12)	0	작성하기		0
매입자발행 세금계산서	(13)	0	작성하기		0
그 밖의 공제매입세액 (신용카드 매입, 의제매입세액공제 등)	(14)	0	작성하기		0
합계 (10)-(10-1)+(11)+(12)+(13)+(14)	(15)	0			0
공제받지 못할 매입세액	(16)	0	작성하기		0
차감계 (15) - (16)	(17)	0		④	0
납부(환급)세액 (매출세액 ㉯ - 매입세액 ④)				㉰	0

◎ 매입처별세금계산서합계표

- 세금계산서합계표 전산매체를 불러오기로 신고할 경우 "변환페이지 이동" 버튼을 클릭하십시오.   [변환페이지 이동]
- 전자세금계산서 조회 및 불러오기는 '기본정보입력'의 신고기간에 맞추어 조회됩니다.
  (기본정보입력의 과세기간이 3개월이하일시 3개월분, 3개월초과시 6개월분 전자세금계산서가 조회됨)
- 세무대리인 또는 신고대리인은 본인이 수임한 사업자의 전자세금계산서 자료만 불러오기 및 조회 할 수 있습니다.
- 조기환급신고서 또는 조기환급신고후 정기신고서에서는 전자세금계산서 불러오기가 제공되지 않습니다.
- 조기환급후 정기신고시, 반드시 기환급신고분을 제외한 금액을 전자세금계산서합계에 기재하시기 바랍니다.

◎ 과세기간 종료일 다음달 11일까지 전송된 전자세금계산서 발급분   [전자세금계산서 불러오기] [전자세금계산서 자료 조회]

구분	매입처수	매수	과세구분	공급가액(원)	세액(원)
사업자등록번호 발급분			과세분		
			영세율분		
주민등록번호 발급분			과세분		
			영세율분		
소계			과세분		
			영세율분		

◎ 종이세금계산서와 전송기간 마감일이 지난 전자세금계산서 발급분 등

❿ 수기 세금계산서가 있으면 직접 입력해 주세요.

◉ 종이세금계산서와 전송기간 마감일이 지난 전자세금계산서 발급분 등 매입처별 명세 작성

- 예정신고 누락분은 확정신고시에만 포함해서 입력하십시오.
- 매입처가 동일한 세금계산서를 여러건 입력한 경우 각각의 개별 합계표로 저장됩니다.
- 주민등록번호발급분은 "사업자등록번호발급분"에 입력할 수 없으며, "주민등록번호발급분"란에 입력해야 합니다.
- 전송기간마감일: 과세기간 종료일 다음달 11일

과세구분	⦿ 과세분 ○ 영세율분		
사업자등록번호	[　　　] 확인	상호(법인명)	[　　　]
매수	[　　　] 건	공급가액	[　　　] 원
세액	[　　　] 원		

※ 세금계산서 내역을 입력하려면, 위 항목을 입력한 후 오른쪽의 버튼을 누르십시오.　　　**입력내용추가**

☐	일련번호	사업자등록번호	상호(법인명)	매수	공급가액(원)	세액(원)
			1	총0건(1/1)		

※ 세금계산서 내역을 삭제하려면, 위의 목록에서 해당내역을 선택한 후 [선택내용 삭제] 버튼을 누르십시오.　　　**선택내용 삭제**

◉ 매입처별 세금계산서 합계

구분	매입처수	매수	공급가액	세액
합 계	[　　]	[　　]	[　　] 원	[　　] 원

이전　**입력완료**

❶ 경감·공제세액에 해당하는 것이 있으면 입력하고, 차감·가감 납부세액(환급받을 세액)을 확인합니다.

◎ 경감 · 공제세액　　　　　　　　　　　　　　　　　　　　　　　　　(단위:원)

항목		금액		세율	세액
그 밖의 경감 · 공제세액	(18)		작성하기		0
신용카드매출전표등 발행공제 등	(19)	0	작성하기		0
합계	(20)			㉑	0
소규모 개인사업자 부가가치세 감면세액	(20-1)		작성하기	㉑	0

※ 전자신고세액공제는 그밖의 경감 · 공제세액 작성하기를 선택하여 작성하시기 바랍니다.

◎ 최종 납부(환급) 세액　　　　　　　　　　　　　　　　　　　　　　(단위:원)

항목		금액		세율	세액
예정신고 미환급 세액	(21)			㉓	0
예정고지세액	(22)			㉔	0
사업양수자가 대리납부한 세액	(23)		도움말	㉕	0
매입자 납부특례에 따라 납부한 세액	(24)		도움말	㉖	0
신용카드업자가 대리납부한 납부세액	(25)		조회하기	㉗	0
가산세액계	(26)		뒷쪽으로	㉘	0
차감·가감하여 납부할 세액 (환급받을 세액) (㉑-㉒-㉓-㉔-㉕-㉖-㉗-㉘+㉙)				(27)	0
총괄납부사업자가 납부할 세액 (환급받을 세액)					0

※ 신고대상기간 중에 예정고지를 받은 사실이 있는 경우 예정고지세액이 보여지고 예정신고시 일반환급이 발생하여 예정신고미환급세액이 있는 경우 그 금액을 보여줍니다.

※ 예정고지세액과 예정신고 미환급세액은 동시에 입력할 수 없습니다.

❷ 환급세액이 발생한 경우 국세환급금 계좌신고에 환급 받을 계좌를 입력합니다. 계산서(면세) 수취 건이 있다면 작성한 후 작성된 내용을 다시 확인하고 신고서를 최종 제출합니다.

◆ 세무회계 프로그램으로 신고하기 ◆

홈택스가 아닌 세무회계 프로그램을 이용하는 방식도 있습니다. 회사 내부에서 세무회계 프로그램이 있다면 프로그램을 통해서 기장하고 부가가치세를 편리하게 신고할 수 있습니다. 많이 사용하는 세무회계 프로그램은 '더존'과 '세무사랑' 등이 있습니다. 프로그램에서는 세법상의 신고 서식과 계산 양식이 홈택스에서 제공하는 양식 그대로 적용되어 있어 편리합니다.

부가가치세 신고를 위한 전표를 입력하기 위해서는 프로그램에서 [매입매출전표

입력] 또는 [빠른부가가치세입력]을 이용하면 됩니다. 자동전표/슈퍼북에서 전표 전송 시 '매입'으로 입력한 내용만이 부가가치세 신고대상입니다. '일반'은 [일반전표입력]으로 전송되며 부가가치세 영향을 주지 않습니다.

매출

부가가치세 신고 서식 중 매출에 해당하는 부분입니다. 매출은 아래와 같이 분류되며 과세 유형에 따라서 신고서에 입력합니다.

	구 분		금액	세율	세액
과세표준및매출세액	과세	세금계산서발급분 1		10/100	
		매입자발행 세금계산서 2		10/100	
		신용카드.현금영수증 3		10/100	
		기타 4		10/100	
	영세	세금계산서발급분 5		0/100	
		기타 6		0/100	
	예정신고누락분	7			
	대손세액가감	8			
	합계	9		㉮	

매입매출전표에서 제대로 입력된 데이터는 부가가치세 신고서 메뉴에서 자동으로 불러오기됩니다. 각각의 란에 있는 항목을 살펴보겠습니다.

11. 과세 - 세금계산서 발급 분(1번란) 11. 과세 세금계산서발급분 | 1 |

해당 과세기간에 발급한 세금계산서 금액의 총액이 기입되고, 이의 10%인 부가가치세액이 자동 기입됩니다. 이 칸에 숫자를 기입하는 것은 세금계산서의 발행이 한 건이라도 있다는 것이니 부가가치세신고서와 함께 **매출처별세금계산서합계표**를 제출해야 합니다.

17. 카과 - 신용카드(3번란) 17. 카과 신용카드.현금영수증 | 3 |

24. 현영 - 현금영수증(3번란) 24. 현영 신용카드.현금영수증 | 3 |

세금계산서를 발행하지 않은 매출 중에서 신용카드매출전표, 직불카드, 기명식선불카드, 현금영수증 발행 내역 및 제로페이, 포인트 같은 전자화폐수취분에 대한 매출을 기입합니다. 여기서 유의할 점은 우리가 흔히 사용하는 신용카드 결제액은 부가가치세가 포함된 것이므로 신용카드의 결제총액에 100/110을 곱한 금액을 3번란에 작성합니다. 이 칸에 숫자를 기입했다면, **신용카드매출전표발행집계표**를 반드시 첨부해야 해요. 이 표에 기입된 숫자는 신용카드 결제 총액으로 신고서 3번란에 기입되는 숫자와 부가가치세만큼 차이가 납니다.

14. 건별 - 기타(4번란) 14. 건별 기타 | 4 |

세금계산서, 신용카드 등 이외의 증빙을 발행하지 않는 매출이 발생했을 때 숫자를 기입합니다. 특히 부동산임대사업자인 경우 간주임대료도 여기에 기입합니다.

12. 영세 – 세금계산서 발급분(5번란) 12. 영세 **세금계산서 발급분** | 5 |

내국신용장등에 의하여 국내기업 등에 공급하는 영세율 세금계산서 발행 대상 금액을 기입합니다.

16. 수출 – 기타(6번란) 16. 수출 **기타** | 6 |

직수출 등으로 영세율 세금계산서 발급 의무가 없는 금액을 적습니다. 5, 6번 즉 영세율을 적용받는 란에 금액을 적으면 반드시 이와 함께 **영세율 매출명세서**와 영세율 첨부 서류를 제출해야 합니다.

예정신고 누락분(7번란) 예정신고누락분 | 7 |

예정신고를 하였으나 확정신고에서 누락한 경우에 작성합니다. 예정신고 누락분 역시 세금계산서, 신용카드, 현금영수증 등으로 분류되며 이 분류는 부가가치세신고서 뒷장에 표기됩니다. 프로그램에서 입력할 때는 '예정누락분'을 설정해야 확정신고 시 신고서에 반영됩니다.

Q 세금계산서를 발행했는데, 신용카드로 결제하여 매출전표도 동시에 발행했어요. 이럴 경우 어떻게 작성해야 하나요?

A 신고서 1번란에 세금계산서를 적고 정상적으로 매출처별세금계산서합계표를 제출합니다. 3번란의 숫자에서는 해당 금액을 제외하고 신용카드매출전표발행집계표 상에서는 이 금액이 표시되지만 하단의 세금계산서 중복금액을 적은 란에 해당 금액을 표기하면 프로그램에서 중복분이 제거되어 반영됩니다.

매입

신고 서식 중 매입세액을 입력하는 방법을 살펴보겠습니다.

51. 과세(세금계산서 수취 부분) `51. 과세`

- 일반매입(10번란) `일반매입` `10`

해당 과세기간 동안 수취한 세금계산서의 총액이 기입되고, 이의 10%인 부가가치세액이 자동으로 기입됩니다. 이 칸에 숫자를 기입한 것은 매입한 세금계산서가 한 건이라도 있다는 것이므로 부가세신고서와 함께 **매입처별세금계산서합계표**를 제출해야 합니다.

- 고정자산매입(11번란) `고정자산매입` `11`

해당 과세기간 동안 수취한 세금계산서 중에 고정자산을 매입하기 위하여 받은 세금계산서의 합계액을 입력합니다. 이 칸에 금액이 입력하려면 첨부 서식으로 **건물등감가상각자산취득명세서**가 제출되어야 하고, 별도로 고정자산을 등록해야 합니다.

57. 과카, 61. 현과 – 그밖의공제매입세액(14번란) | 57. 카과 | **그밖의공제매입세액** | 14 |

신용카드, 체크카드로 결제하였거나 현금으로 결제하고 현금영수증을 수취한 내역 중에 매입세액공제대상에 해당하는 금액의 총액이 기입됩니다. 이 칸과 관련된 필수제출 서류는 **신용카드수령금액합계표**입니다.

54. 불공 – 공제받지못할매입세액(16번란) | 54. 불공 | **공제받지못할매입세액** | 16 |

세금계산서를 수취하였으나 어떠한 사유에 의하여 매입세액불공제에 해당하는 경우, 54.불공과세유형을 선택하고 이 금액의 총액은 16번란에 기입합니다. 이때 필수제출 서류는 **매입세액불공제내역**입니다.

◆ 부가가치세 신고를 잘못했어요 ◆

수정신고

부가가치세 신고기한에 신고를 완료하였는데, 매출이 일부 누락된 것을 알게 되거나 혹은 매입세액불공제 대상을 실수로 매입세액공제로 받은 경우가 있습니다. 납부할 세금을 적게 냈다면 추가 납부세액이 발생합니다. 수정신고는 이미 신고한 과세표준 및 납부세액 등이 실제보다 적게 신고되어 추가로 납부할 세액이 있는 경우에 사업자가 이를 정정신고하는 것을 말합니다. 따라서 수정신고는 반드시 정기신고(정해진 신고기한에 신고한 경우)를 한 경우에만 수정할 수 있습니다. 수정신고를 하게 되면 추가 납부하게 되는 부가가치세 관련 가산세도 납부해야 합니다. 그렇지만 수정신고를 한 시점에 따라 과소신고가산세 등을 다음과 같이 감면받을 수 있습니다.

기간	감면율
1개월 이내 수정신고	90%
1개월 초과 3개월 이내 수정신고	75%
3개월 초과 6개월 이내 수정신고	50%
6개월 초과 1년 이내 수정신고	30%
1년 초과 1년 6개월 이내 수정신고	20%
1년 6개월 초과 2년 이내 수정신고	10%

경정청구

세법에 따라 내야할 세금보다 더 많이 낸 경우 환급세액이 발생합니다. 이미 신고한 과세표준 및 납부세액 등이 실제보다 많게 신고하여 과다하게 납부한 경우에 이를 정정해서 결정 또는 정정하여 줄 것을 과세관청에 요청합니다. 수정신고는 '신고'이지만, 경정청구는 '청구'라는 표현에서 볼 수 있듯이 이 요청을 관세관청에서 확인 후 받아들여야만 환급이 가능합니다. 따라서 세금을 돌려받기 위해서는 이와 관련된 경정청구의 사유를 증빙할 수 있는 서류를 준비합니다. 경정청구 역시 수정신고와 마찬가지로 정기신고한 분에 한하여 청구할 수 있습니다. 증빙서류는 상황에 따라 다르니 세무서의 담당 공무원에게 어떤 서류가 필요한지 반드시 확인하세요.

기한 후 신고

부가가치세 신고기간을 놓쳐 신고기한 내에 신고를 하지 않은 경우 기한 후 신고를 합니다. 과세관청에서 납부할 부가가치세를 결정해서 통지하기 전까지, 즉 세무서에서 먼저 부가가치세를 납부하라고 통지서가 도착하기 전에 할 수 있는 신고입니다. 기한 후 신고는 매출처별세금계산서합계표 관련 가산세와 신고납부불성실가산세가 부과됩니다. 다만, 매입처별세금계산서합계표 관련 가산세는 부과되지 않고, 매입세액공제도 가능합니다. 따라서 신고기한을 놓쳤더라도 과세관청에서 고지하기 전까지 기한 후 신고를 해야 합니다. 기한 후 신고 역시 신고불성실가산세 등이 다음과 같이 감면됩니다.

기간	감면율
1개월 이내 기한 후 신고	50%
1개월 초과 3개월 이내 기한 후 신고	30%
3개월 초과 6개월 이내	20%

가산세 (별첨 P. 192 참고)

부가가치세와 관련하여 많은 가산세가 존재합니다. 가장 많이 발생하는 경우는 세금계산서 지연발급, 수취가산세, 신고불성실가산세, 납부불성실가산세 등이 있습니다.

4

증빙 관리

회사에 점심 식사비 영수증을 제출한 적이 있나요? 출장을 다녀왔을 때 주유비나 기차표를 제출한 적도 있을 거예요. 회사는 직원이 업무상 사용한 경비를 확인 후 지급하기 위하여 직원으로부터 영수증을 수령하지만, 회사(사업자)가 사업과 무관한 비용을 경비로 지출한 경우에는 증빙이 있더라도 세법상 이를 인정받을 수 없습니다. 즉, 다음의 법적증빙이라도 사업과 관련된 경비만 인정받을 수 있습니다. 증빙의 종류를 알아보고 세법에서 인정되는 증빙서류를 알아보겠습니다. 증빙은 법정지출증빙과 일반지출증빙으로 나눌 수 있습니다. 일반지출증빙도 건당 3만 원 이하인 경우에는 법정지출증빙으로 인정받을 수 있습니다.

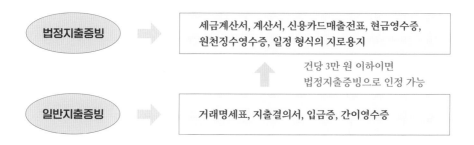

다만, 접대비의 경우에는 법정지출증빙 기준이 달라집니다.

접대비 법정지출증빙 인정 여부

구분	기준금액	법정지출증빙으로 인정되는 증빙
접대비	3만 원 초과	건당 3만 원 이하까지는 간이영수증 등도 법정지출증빙 인정 가능하고, 3만 원 초과분에 대해서는 반드시 세금계산서 등 위의 법정증빙을 갖춰야 함(법인의 경우, 법인 신용카드만 가능. 임직원 신용카드 사용액은 불가능)
경조사비	20만 원 초과	20만 원 이하까지의 청첩장 또는 부고 등 경조사를 증빙할 수 있는 서류

세금계산서

◆ 세금계산서 ◆

세금계산서는 사업자가 재화 또는 용역을 공급하여 이를 증명하기 위하여 공급받는 자에게 부가가치세가 포함된 금액을 발급하는 증빙서류입니다. 다른 기업과 계약을 하는 경우, 계약서를 작성하고 대금을 지급한 후 세금계산서를 증빙서류로 준비한다면 경비를 인정받을 수 있습니다. 계약서를 작성하고 대금을 주고받아도 세금계산서가 없다면 부가가치세법상 비용으로 인정받을 수 없습니다.

세금계산서는 전자 또는 종이로 발급할 수 있습니다. 법인 및 직전 연도 사업장별 과세 및 면세의 공급가액 합계액이 3억 원 이상인 개인사업자는 반드시 전자로 세금계산서를 발행해야 합니다(종이로 발행하는 경우 가산세가 발생합니다). 반면에 전자세금계산서 발급의무자가 아닌 사업자도 전자세금계산서를 발급할 수 있습니다. 세금계산서를 종이로 발행하는 경우에는 손으로 직접 2장을 적어 나누어 갖는데 이때 발행 일자를 적지 않거나 추후 기재사항을 변경하는 등의 문제가 많았습니다. 이러한 세금계산서를 허위·가공으로 작성하는 문제를 개선하고 별도로 종이 계산서를 보관할 필요가 없어 시간적·경제적 부담이 상대적으로 감소한다는 장점 때문에 최근 전자세금계산서를 발급하는 경우가 더 많아졌습니다. 다만, 전자세금계산서는 일정 기간 내에 발급하지 못하면 이에 따른 가산세도 있으니 유의합니다.

종이로 발급한 세금계산서는 '세금계산서합계표'를 제출할 의무가 있어 신고 후 세금계산서를 보관해야 합니다. 부가가치세 신고를 할 때 직접 세금계산서를 세무서로 우편을 보내거나 스캔해서 제출하는 것은 아닙니다. 신고할 때는 합계표만 작성하여 제출하고 실물은 보관하고 있으면 됩니다. 전자세금계산서의 경우 세금계산서를 발행하고 발급일의 다음 날까지 전자세금계산서 발급명세를 국세청장에게 전송한 경우 매출·매입세금계산서합계표 제출의무와 5년간 세금계산서 보존 의무를 면제해 줍니다.

세금계산서는 일반과세사업자가 발행하며 간이과세자[1]나 면세사업자는 세금계산서를 발행할 수 없습니다. 면세사업자는 '계산서'를 발행합니다. 계산서는 세금계산서에서 부가세 항목만 제외한 형식입니다.

세금계산서에는 공급가액, 부가가치세, 공급대가 세 가지 금액을 각각 구분하여 적어야합니다. 공급가액은 과세사업자가 판매하는 재화 또는 용역의 가격이며 여기에 10%의 부가가치세를 더하여 공급대가를 작성합니다. 공급대가는 실제 수령하는 금액이 됩니다. 만약 수출을 하는 회사의 경우, 내국신용장에 의한 거래 등에 대해서는 영세율을 적용하는데 이 경우 0% 세율이므로 부가가치세 금액은 '0'으로 하여 발급합니다.

---

1) 2021년 7월 1일부터 직전 연도 공급대가 8,000만 원 미만

세금계산서에는 반드시 ❶ 공급자와 공급받는자의 사업자등록번호, 상호, 성명 ❷ 공급가액, 품목, 세액 등 ❸ 작성연월일(발행일자)가 기재되어야 적법한 세금계산서로 인정받게 됩니다.

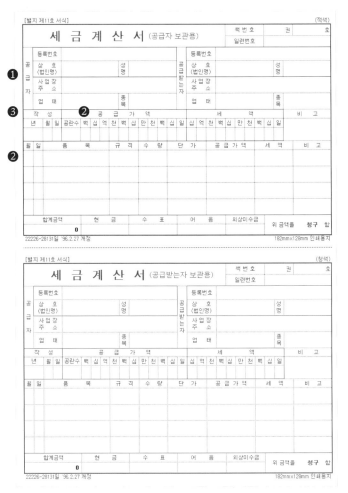

수기(종이)세금계산서

◆ 세금계산서는 언제 발행하나요? ◆

공급 시기에 발행

부가가치세법상 세금계산서는 원칙적으로 공급 시기에 발행해야 합니다. 공급 시기는 재화 또는 용역이 제공된 날짜를 말합니다. 일반적으로 재화의 경우 인도된 날 혹은 사용가능한 날, 용역의 경우 용역의 제공이 완료된 날이 공급 시기에 해당합니다. 따라서 물건을 판매하였거나 공사가 모두 완료된 때 대금을 수령하고 세금계산서를 발행하면 됩니다.

대금을 나누어 받을 때는 대금을 받을 때 발행

공사가 길어지거나 주문을 받아 생산하는 물품의 경우에는 총 대금을 계약금, 중도금 그리고 잔금으로 나누어 받습니다. 만일 계약 상대방이 재화나 용역의 공급이 완료되기 전에 대금을 일부 지급한 경우, 지급한 대금에 대한 매입세액공제가 가능하도록 받은 일부 금액에 대해서 세금계산서를 발행해야 합니다. 또한 재화 또는 용역을 지속·반복적으로 공급하는 경우 1개월의 공급가액을 해당 달의 말일에 합해서 발행할 수 있습니다. 예를 들자면, 전기요금이나 업무상 여러 건을 자주 공급하는 경우 월 합계 세금계산서를 발행할 수 있습니다. 매일·매시간 공급되어 전기나 여러 건을 한 사업자에게 자주 공급하는 경우(광고비 등) 매번 세금계산서를 발행하기에 실무적으로 번거로우니 이를 1개월 단위로 합산하여 매월 말일을 발행일자로 하여 발행하는 것입니다.

이때 유의할 점은 1일부터 말일까지 합산하는 것이며, 10일부터 그다음 달 9일까지처럼 한 달을 넘어서는 발행할 수는 없습니다. 10일부터 공급하기 시작하였다면, 10일부터 그달의 말일까지만 합산하여 말일을 발행일자로 세금계산서를 발급합니다.

◆ 세금계산서 발행하기 ◆

전자세금계산서 발행 시기와 방법

전자세금계산서는 공급 시기에 발행하지만, 해당 월의 세금계산서를 다음 달 10일까지 전자로 발급이 가능합니다. 예를 들어 10월 계산서는 11월 10일(10일이 공휴일인 경우, 공휴일 종료 다음 날)까지 발급이 가능합니다.

발급(발행)과 전송

발급은 공급자가 공급받는자에게 세금계산서를 보내는 것입니다. 전송은 보낸 세금계산서를 홈택스(국세청) 시스템에 신고(전송)하는 것을 말합니다. 전자세금계산서의 발급은 익월 10일까지이고, 전송은 발급일의 다음날인 11일까지 완료해야 합니다. 홈택스가 아닌 전자세금계산서를 발행하는 대행 업체를 이용하면 홈택스로 자동 전송이 됩니다.

홈택스에서 전자세금계산서 발행하기

홈택스 접속 > 공인인증서(범용사업자 또는 전자세금계산서 발급용)로 로그인 > 조회/발급 > 전자세금계산서 > 발급 > 건별발급(건별발급은 한 건씩 발행할 수 있습니다. 일괄발급 또는 반복발급이 필요한 경우에는 해당 메뉴를 선택하여 이용하면 됩니다.)

작성 요령

사업자의 정보가 입력된 공인인증서로 접속하였으므로 공급자에는 사업자 본인의 사업자등록번호, 상호, 성명이 기입되어 있습니다. 공급받는자에 상대방의 사업자등록번호를 기재하고 [확인] 버튼을 누르면 유효한 사업자등록번호인지를 확인할 수 있습니다. 유효한 경우 상호, 성명의 입력창이 활성화 되므로 상호, 성명, 사업장 등을 차례로 기재하면 됩니다.

품목에는 재화 및 용역의 내용을 기재하고 규격이나 수량, 단가가 나뉘어 있다면 함께 기재합니다. 세부적으로 기재할 내용이 없는 경우 공급가액에 바로 금액을 기재하여도 무방합니다. 합계금액은 자동으로 합산됩니다. 하단의 대금 수령방식을 현금, 수표 등으로 선택하고, 금액을 이미 수령하였다면 '영수'를 선택하고, 금액을 미수령한 경우에는 '청구'를 선택하면 됩니다.

입력이 완료되면 [발급하기]를 눌러서 전자세금계산서를 발행합니다. 발급내용을 확인하고, 공인인증서를 선택한 후 비밀번호를 입력하고 [확인]을 눌러줍니다. 전자세금계산서가 정상적으로 발행되면 전자세금계산서 승인번호와 함께 정상으로 발행되었다는 메시지를 확인할 수 있습니다.

홈택스 전자세금계산서 발급 화면

Q 대금 '청구'를 선택해야 하는데 실수로 '영수'로 발급했습니다. 수정계산
서를 발급해야 할까요?

A '청구', '영수'의 선택이 잘못되었다고 세금계산서를 수정해야 하는 것은
아닙니다. 그렇지만 거래 상대방이 오인할 수도 있으므로 구분하여 발급하
는 것이 좋습니다.

Q 가짜 세금계산서가 있나요?

A 사업자등록을 하고 가짜 세금계산서 즉, 상품을 판매하거나 용역을 공급
하지 않았으면서 허위로 세금계산서를 발급하는 경우가 있습니다. 이렇게
세금계산서 발행의 대가로 일정 수수료를 챙기는 사람을 '자료상'이라고 부
르는데, 이러한 사람으로부터 허위세금계산서를 받은 경우에 추후 과세관
청으로부터 적발되면 해당 부가세 매입세액 불공제는 물론 가산세까지 내
야 하므로 주의해야 합니다. 사업자가 실제 일반과세자로서 재화 등을 공급
했다고 하더라도 자료상으로 조사받는 경우, 해당 사업자로부터 실제로 구
입한 물건까지 허위로 볼 수 있으므로 자료상이 아니더라도 허위계산서 발
급하거나 수령해서는 안 됩니다.

◆ 계산서 ◆

계산서는 세금계산서에 '세금'이라는 글자만 빠졌듯 '부가가치세'가 빠진 것을 의미합니다. 계산서를 발행 가능한 사업자는 '부가가치세'를 받지 않는 사업자로 이해하면 쉬운데요. 면세사업자가 바로 그것입니다. 계산서 역시 적격증빙으로 인정되며 부가가치세 신고 시 계산서합계표를 제출해야 합니다.

◆ 수정세금계산서[수정계산서] ◆

수정세금계산서 발행여부

세금계산서나 계산서를 잘못 발행하였거나 계약이 취소되어 재화를 공급하지 않게 되는 등 여러 가지 사유에 따라서 세금계산서상의 내용이 변경되는 경우에는 수정 세금계산서를 발행할 수 있습니다. 다만, 유의할 점은 세금계산서 작성일자를 과거로 돌아가서 취소할 것인지, 오늘(취소된 일자)로 취소할지 여부가 중요합니다. 과거로 돌아가서 취소하는 것은 '소급한다'고 하는데 부가가치세법에는 소급할 수 있는 경우와 할 수 없는 경우가 있습니다.

❶ 사유가 발생한 날로 수정하기(작성일자 소급 불가능): 사유 발생일의 다음 달 10일까지 발급하며 비고란에 최초 세금계산서 작성일자를 기입합니다.

· 환입, 계약의 해제: 환입되거나 계약이 해제된 날을 작성일자로 하여 해당 금액에 대하여 음(-)의 세금계산서(빨간색)를 발행합니다.

· 공급가액 변동: 변동 사유 발생일에 공급가액 증감분에 대하여 발행합니다.

❷ 최초 세금계산서 작성일자로 수정하기(작성일자 소급 가능)

· 필요적 기재사항 등이 잘못 발행된 경우: 음(-)의 세금계산서와 올바른 세금계산서 각 1장씩을 발행합니다.

- 착오로 전자세금계산서를 이중으로 발급한 경우: 최초 세금계산서의 내용대로 음 (-)의 표시를 하여 발급합니다.
- 내국신용장 사후 개설: 내국신용장 개설일 다음 달 10일까지(과세기간 종료 후 25 일 이내에 개설된 경우 25일까지 음(-)세금계산서 1장과 영세율 세금계산서 1장을 발급합니다.

홈택스에서 수정세금계산서 발급하기

❶ 홈택스 조회/발급에서 전자(세금)계산서 > 수정발급을 선택합니다.

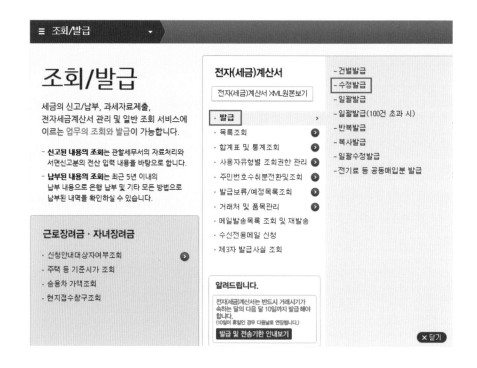

❷ 발급했던 세금계산서를 조회하여 수정발급합니다.

❸ 조회기간을 설정하고 [조회하기]를 누른 후, 수정하고 싶은 세금계산서를 선택합니다.

❹ 수정 사유를 선택합니다. 기재사항 착오정정 등을 선택하는 경우, 음(-)의 세금계산서 1장과 수정세금계산서 1장, 총 2장의 세금계산서가 발행됩니다.

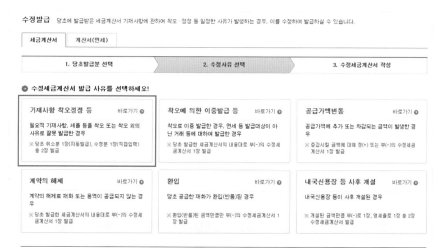

현금영수증

현금영수증은 현금 거래를 증빙하기 위한 영수증입니다. 현금영수증은 세법상 신용카드 매출전표와 동일하게 취급되므로 부가가치세 매입세액공제 등 적격증빙으로 인정되는 것은 물론 부가가치세법상 신용카드발행세액공제도 적용이 가능합니다. 현금영수증은 소득공제용 현금영수증과 지출증빙용 현금영수증 두 가지로 구분됩니다. 소득공제용 현금영수증은 일반적으로 소매업장에서 발급받는 것으로 근로소득자가 연말정산 시 소득공제를 받을 수 있습니다. 지출증빙용 현금영수증은 사업자가 부가가치세 매입세액공제를 받기 위하여 소매업장에서 발급받는 것으로 사업자등록번호를 제시해야 합니다. 반드시 지출증빙용으로 수령하여야 부가가치세 매입세액공제가 가능합니다. 만일 사업자가 소득공제용 현금영수증을 수령한 경우, 홈택스에서 현금영수증 용도 일괄변경 기능을 통하여 용도 변경이 가능합니다.

◆ 현금영수증 가맹 절차 ◆

가입 방법

일반적으로는 신용카드 단말기 가입 시 가입하지만, 홈택스 또는 국세청 콜센터(126)에 전화를 걸어 가입이 가능합니다.

· 신용카드단말기(POS기) 설치 시 함께 가입: 해당 단말기 업체 문의
· 국세청 콜센터(126)으로 가입하기
   ☎126 > 1번 홈택스 상담 > 1번 현금영수증 > 1번 한국어 > 4번 가맹점현금영수

증 발급서비스 > 사업자번호 10자리 입력 > 비밀번호 설정하기 > 대표자 주민번호 13자리 입력 > 비밀번호 4자리 > 1번 가맹점 가입

· 홈택스에서 가입하기

가입 시기

보통은 3개월 이내 가입으로 알려져 있는데, 전문직 등 현금영수증 의무발행 업종은 요건 해당일로부터 60일 이내로 가입하도록 하고 있어 개업한 후 60일 이내에 가입해야 합니다. 미가입한 경우 해당 사업자에게 미가입기간 수입금액의 1%에 해당하는 가산세를 부과할 수 있으니 매우 유의해야 합니다. 또한 현금영수증 미가맹점은 추후 종합소득세에서 단순경비율을 적용할 수 없고, 조특법상의 중소기업특별세액 감면 등에서 배제될 수 있습니다. 따라서, 아직 현금영수증 가맹점으로 가입되어 있지 않다면 살펴보고 반드시 가입하도록 합니다.

유의 사항

세금계산서를 이미 발행하였는데, 대금을 현금으로 지급해도 현금영수증을 추가로 발행할 수 없습니다. 세금계산서 발행 후, 대금 지불을 신용카드로 한 경우에는 어쩔 수 없이 신용카드매출전표가 발행되게 됩니다. 이 경우, 부가가치세 매입세액공제가 중복으로 되지는 않습니다(P.70 참고). 반대로 현금영수증이나 신용카드매출전표를 먼저 발행한 경우, 세금계산서를 중복으로 발행할 수 없습니다.

현금영수증을 발행하려고 하는데 고객의 인적사항을 모른다면 010-000-1234 번호로 현금영수증을 발행하면 국세청으로 전송되어 추후 고객이 접속하여 본인의 현금영수증임을 확인받을 수 있습니다.

◆ 현금영수증 발행하기 ◆

· 신용카드단말기(POS기)로 발행하기

· 국세청 콜센터(126)로 발행하기

☎126 > 1번 홈택스 상담 > 1번 현금영수증 > 1번 한국어 > 4번 가맹점 현금영수증 발급서비스 > 사업자번호 10자리 입력 > 비밀번호 4자리 + # > 거래 상대방 확인 번호 + # > 거래금액 + # > 1번 : 소득공제용 / 2번 : 지출증빙용

· 홈택스에서 발행하기

홈택스 > 조회/발급 > 현금영수증 메뉴 선택 > 승인거래 발급 클릭

현금영수증 승인거래 발급

- 현금영수증 승인거래를 발급하는 화면입니다.
- 현금영수증의 거래일자를 소급하여 발행할 수 없습니다.
- **현금영수증 발급내역은 다음날 조회 가능합니다.**
- **사업자가 당일 발급한 내역은 '당일 발급 조회/정정/취소'에서만 발급취소 가능합니다.**
- 총 거래금액을 입력하면 거래유형(과세, 면세)에 따라 공급가액과 부가세가 구분됩니다.
- 발급수단은 주민등록번호, 사업자등록번호, 휴대전화번호, 13~19자리 카드번호입니다.
  주민등록번호, 사업자등록번호는 **3회** 연속하여 잘못 입력하는 경우, 발급 서비스 이용이 제한됩니다.
- 자진발급이란 소비자가 현금영수증 발급를 요청하지 않아 무기명으로 발급하는 경우 국세청 코드 '**010-000-1234**'번호로 발급하는 제도입니다.
  자진발급 '여'를 선택하면 발급수단에 '**010-000-1234**'가 표시됩니다.

◉ **현금영수증 발급**
◎ **공급사업자 정보**

사업자등록번호	상호	구분

◎ **거래정보 등록**

거래일자	2021-05-08 14:22:08	승인번호	
* 자진발급 여부	○ 여 ◉ 부	* 용도구분	소득공제 ▾
* 거래유형	◉ 과세 ○ 면세	* 발급수단번호	
* 총 거래금액		공급가액	0
부가세	0		

발급요청

위와 같은 화면이 나타나면 발급수단번호와 금액을 입력하면 됩니다. 홈택스에서 현금영수증 발급은 공인인증서가 필요하지 않고 ID, PW 입력으로 쉽게 발급이 가능합니다.

◆ 현금영수증 취소하기 ◆

현금영수증을 취소하고 싶은 경우, 보통은 매장 내의 신용카드 단말기를 이용합니다. 단말기 업체나 모델에 따른 차이는 있겠지만, 현금취소를 선택하고 기존의 금액과 승인번호를 입력하면 취소할 수 있습니다. 처음 발행 당시 날짜, 승인번호 등을 정확히 알아야 취소가 가능합니다.

・국세청 콜센터(126)로 취소하기

126으로 취소하는 방법입니다. 이 역시 발행일자, 승인번호, 거래금액을 정확히 알아야 취소가 가능합니다.

☎126 > 1번 홈택스 상담 > 1번 현금영수증 > 1번 한국어 > 4번 가맹점 현금영수증 발급서비스 > 사업자번호 10자리 입력 > 비밀번호 4자리 + # > 2번취소 > 발급취소 사유 선택(거래취소, 오류발급, 기타) > 거래일자 6자리 > 승인번호 시작문자 선택(알파벳 1번, 숫자 2번) > 승인번호 입력 > 거래금액 입력

・단말기로 발급했던 현금영수증도 전화로 취소가 가능합니다.

◆ 신용카드매출전표 ◆

하루에도 몇 번씩 신용카드매출전표를 받게 됩니다. 카드 영수증 역시 적격증빙으로 인정됩니다. 신용카드매출전표를 자세히 살펴보면 공급가액과 부가가치세가 별도로 구분된 경우와 그렇지 않은 경우가 있습니다. 발행한 사업자가 간이과세자 또는 면세사업자라면 부가가치세가 기입되지 않는데요. 이는 부가가치세 매입세액공제를 받을 수 없기 때문에 신고 시 확인하는 것이 좋습니다.

TIP. 개인사업자는 사업용신용카드를 홈택스에 등록하세요!

예전에는 신용카드매출전표를 일일이 모으는 경우가 많았습니다. 지금은 신용카드를 홈택스에 등록하면 자동으로 그 내역이 국세청으로 전송되어 부가가치세신고 시 확인이 가능합니다. 법인사업자는 따로 등록하지 않아도 카드 사용내역이 자동으로 입력됩니다.

영수증

모든 증빙은 사업과 관련한 사용만 증빙으로 인정됩니다. 적격증빙을 수령하지 못하면 비용을 인정받지 못하거나 가산세를 부담하는 등의 불이익이 있습니다. 먼저 일반비용의 경우 위 증빙 이외의 다른 증빙으로 인정된다면 비용인정은 되지만, 2%의 증빙불비가산세를 법인세 또는 소득세 납부 시 납부하게 됩니다. 접대비의 경우 비용인정이 되지 않으므로 가산세 부담도 없습니다. 간이영수증은 건당 3만 원 이하면 적격증빙 처리 가능합니다.

원천징수

원천징수 이해하기

원천징수는 법인사업자와 개인사업자가 소득이나 수입을 지급할 때 상대방이 내야 할 세금을 국가를 대신하여 징수하고 근로자를 대신하여 납부하는 것을 말합니다. 회사와 계약한 연봉과 실제 통장에 수령하는 금액이 다른 이유도 근로자가 납부할 세금을 회사에서 대신 '원천징수'했기 때문입니다.

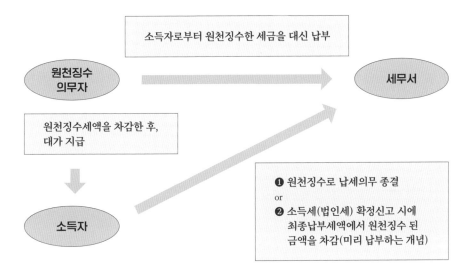

◆ 원천징수 차감 후 급여 지급 ◆

개인이 근로소득자로 월급을 받을 때 매달 일정 세금이 공제된 세후 급여를 지급 받습니다. 이때 공제된 일정 세금을 회사가 '원천징수 했다'라고 생각하면 됩니다. 근로소득자는 다음 해 2월 연말정산에서 최종적으로 결정된 세액과 원천징수된 세액을 비교하여 부족한 세액을 추가 납부하거나 과다 납부한 세액을 환급받게 됩니다. 법인이 법인계좌에 예금이 쌓여서 예금이자수입이 발생했다면, 은행에서는 이자를 줄 때 15.4%의 이자소득세(지방세 포함)를 공제하여 지급합니다. 그리고 다음 해 3월 법인세를 신고할 때, 계산되는 법인세액에서 원천징수 당한 이자소득세 등을 제외하고 최종적으로 납부합니다.

◆ 원천징수는 언제 어떻게 납부(처리)하나요? ◆

원천징수의무자는 원천징수대상 소득 지급일이 속하는 달의 다음 달 10일까지 원천징수이행상황신고서를 제출합니다. 즉, 지급한 인건비를 신고하는 것입니다. 회사에 근로소득자인 직원이 1명 있고, 매달 급여가 지급된다면 원천징수이행상황신고서를 매월 다음 달 10일까지 제출합니다. 다만, 상시 고용인원 20인 이하의 사업자는 반기별 신고납부를 6월과 12월에 국세청에 미리 신청하여 승인을 받으면 반기별로 원천징수세액을 신고납부하는 것이 가능합니다. 홈택스를 통해 6월에 신청하여 승인받으면 7월~12월의 인건비는 다음 해 1월 10일까지 신고납부할 수 있습니다.

◆ 원천징수의 세 가지 구분. 근로소득, 사업소득, 기타소득 ◆

일반적으로 인건비로 신고하는 소득의 유형은 세 가지로 구분됩니다. 근로소득(상용소득, 일용소득), 사업소득, 기타소득입니다. 모든 소득자의 원천징수를 위해서는 소득자 이름, 주민등록번호, 주소 등의 인적사항이 필요하므로 신분증과 같은 인적사항이 기재된 서류를 반드시 수령합니다.

근로소득

고용계약에 의하여 근로를 제공하고 그 대가로 받는 소득입니다. 회사와 근로계약서를 작성하고 4대보험에 가입하고 급여를 받는 근로자 대부분은 근로소득자에 속합니다. 이러한 근로소득자에게 급여를 지급할 때에는 원천징수의무자인 회사가 '간이세액표'에 의한 근로소득세 및 지방소득세와 4대보험료를 함께 원천징수하고 남은 금액을 지급합니다. 이를 차인지급액이라고 합니다.

······················

김대리에게 물어보세요

Q 아르바이트나 일용직 근로자도 원천징수하나요?

A 아르바이트와 일용직 역시 근로소득자에 포함됩니다. 세법상 근로소득자로 분류하지만 이들 중에는 4대보험 중 국민연금과 건강보험의 가입 의무는 없는 경우가 있습니다(일용근로자이지만 4대보험 가입 의무가 있는 경우가 있습니다. P.166 참고). 흔히 하루 단위로 계약을 맺은 일용직이나 단기 혹은 임시로 고용되어 일하는 아르바이트생은 세법상 '일용직 근로소득자'로 구분하여 원천징수합니다. 다만 일용직 근로자의 경우에는 1일 15만 원까지는 세금이 부과되지 않고 초과분에 대해서만 원천징수합니다.

사업소득

흔히 부르는 프리랜서는 그때 그때 계약을 맺고 일하는 자유계약 작가나 저널리스트, 웹 디자이너 같은 직종을 말합니다. 이들은 세법상 '사업소득자'로 분류되어 회사가 사업자등록이 없는 사업소득자에게 인건비를 지급할 때 3.3%의 소득세 및 지방소득세를 차감하고 지급합니다.

기타소득

기타소득은 금융소득(이자배당소득), 사업소득, 근로소득, 연금소득, 퇴직소득 및 양도소득 외의 소득을 말합니다. 소득세법으로 정해진 기타소득 중 자주 발생하는 소득은 다음과 같습니다.

❶ 문예, 학술, 미술, 음악 또는 사진에 속하는 창작품에 대해 받는 소득(원고료, 저작권사용료인 인세 등)

❷ 사례금

❸ 고용 관계없이 다수인에게 강연하고 강연료 등 대가를 받는 용역

❹ 법인세법에 의해서 기타소득으로 처분된 소득

❺ 변호사, 공인중개사, 세무사, 건축사, 측량사, 변리사, 그 밖의 전문직 지식 또는 특별한 기능을 가진 자가 지식 또는 기능을 활용해서 보수 또는 대가를 받고 제공하는 용역

기타소득을 원천징수할 때에는 기타소득 총 지급액에서 필요경비를 제외한 '기타소득금액'에 22%(지방소득세 포함)를 원천징수합니다. 다만, 복권 및 당첨금은 해당하는 소득금액에 3억 원을 초과하는 경우 그 초과하는 분에 대해 33%(지방소득세 포함)를 적용합니다. 이때 기타소득은 종류별로 입증된 필요경비만을 인정하는 경

우와 최소한 일정비율(60% ,80%)을 필요경비로 인정하는 경우로 나뉘는데, 해당 경우에 따라 산출한 기타소득금액에 대해 원천징수 해야하는 점을 유의해야 합니다.

원천징수 제외 대상

모든 소득에 대해 원천징수를 하는 것은 아닙니다. 다음 소득에 대해서는 원천징수 의무가 면제됩니다.

❶ 소득세, 법인세를 과세하지 않거나 면제되는 소득(실업급여, 육아휴직급여, 요양급여, 군인 월급 등)

❷ 과세최저한도가 적용되는 기타소득 금액(5만 원까지)

❸ 원천징수 대상이었으나 소득이 발생한 후 지급하지 않아 원천징수가 되지 않은 소득이 이미 종합소득세에 합산되는 경우, 이 소득을 추후 지급할 때는 원천징수를 하지 않음

김대리에게 물어보세요

Q 100원의 세금도 원천징수해야 할까요?

A 소득세 및 법인세의 원천징수 시, 해당 세액이 1,000원 미만이면 원천징수를 하지 않아도 되며 이를 소액부징수라고 말합니다. 다만, 이자소득에 대해서는 1,000원 미만이라도 원천징수를 해야 하는데요. 통장에 찍힌 이자 금액과 소득세를 살펴보면 이해가 될 것입니다.

원천징수 불이행 시 가산세

원천징수의무자가 원천징수를 불이행할 때에는 다음과 같은 가산세를 부과합니다.

구분	가산세 내용
적용 대상	원천징수의무자가 원천징수하였거나 원천징수해야 할 세액을 납부기한까지 미납부하거나 미달 납부한 경우
가산 세액	둘 중 적은 금액 (❶, ❷) ❶ 미납부세액 × 경과일수 × 25/10,000 + 미납부세액 × 3% ❷ 미납부세액 × 10%

원천징수이행상황신고서

모든 신고서식은 국세법령정보시스템의 별표 및 서식조회에서 검색이 가능합니다. 모든 신고서식 뒷면에는 '작성 요령'이 첨부되어 있으므로 서식 작성이 처음이라면 참고하여 작성합니다. 원천징수의무자는 인건비 지급일이 속하는 달(반기납부자의 경우 반기의 종료일)의 다음 달 10일까지 신고하고, 원천징수 세액을 납부합니다. 특히 연말정산이 반영되는 2월분 작성 시 조금 더 주의하여 작성합니다.

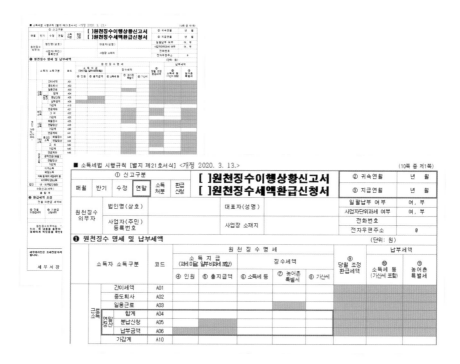

원천징수이행상황신고서 작성 요령

❶ 신고 구분

- 매월납부자는 '매월'란에, 반기납부자는 '반기'란에 ○ 표시합니다.
- 연말정산분이 포함되기 때문에 '연말'란에 ○ 표시를 반드시 해야 합니다.
- 환급신청을 하려는 경우 '환급신청'란에 ○ 표시합니다.
- 연말정산 결과 환급액이 발생하는 경우, 향후 납부할 세액에서 해당 환급세액을 차감하는 '조정환급' 방식과 관할 세무서로부터 돌려받는 '환급신청'을 선택할 수 있어요.

❷ 귀속연월과 지급연월

- 귀속월과 지급월이 동일한 경우: 2월분 급여를 2월에 지급

원천징수의무자(신고기한)	귀속연월	지급연월
월별 납부자(3/10)	20××년 2월	20××년 2월
반기별 납부자(※)	20××년 1월	20××년 6월

- 반기별 납부자가 연말정산분 환급신청하는 경우

  3월 10일까지: 1월~2월 지급분 신고(연말정산분 포함)

  7월 10일까지: 3월~6월 지급분 신고

• 귀속월과 지급월이 동일한 경우: 2월분 급여를 2월에 지급

원천징수의무자(신고기한)		귀속연월	지급연월
월별 납부자(※)	1월 급여(3/10)	20××년 1월	20××년 2월
	연말정산(3/10)	20××년 2월	20××년 2월
반기별 납부자(※※)		20××년 1월	20××년 6월

• 연말정산 환급세액 발생 시 1월 귀속 2월 지급 원천징수이행상황신고서상의 전월 미환급세액에 반영해야 합니다.

• ※※ 반기별 납부자가 연말정산분 환급신청하는 경우

  3월 10일까지: 전년 12월 귀속 1월 지급분~1월 귀속 2월 지급분 신고

  7월 10일까지: 2월 귀속 3월 지급분~5월 귀속 6월 지급분 신고

❸ 원천징수 명세 및 납부세액

연말정산 합계란(A04)의 인원에는 연말정산 대상 계속근로자의 인원을 기재합니다. 총지급액에는 비과세소득 및 과세미달을 포함하나, 일부 비과세소득(월 10만 원 이하의 비과세 식사대, 현물 급식, 자가운전보조금 등)은 포함하지 않습니다.

❹ 연말정산 납부세액 분납신청

연말정산에서 추가 납부세액이 10만 원을 초과하는 근로자의 경우, 2월분부터 4월분의 근로소득을 지급할 때까지 추가 납부세액을 나누어 원천징수할 수 있습니다. 농특세도 소득세 분납비율에 따라 분납이 가능합니다. 분납신청을 원하는 근로자는 연말정산에서 '근로소득자 소득세액공제신고서 상의 분납신청 여부'란에 체

크하거나, 2월 급여 지급 시 회사에 분납신청할 수 있습니다. 분납신청을 하는 경우 원천징수이행상황신고서는 다음과 같이 작성합니다.

20××년 연말정산 결과 내용

구분	환급	추가 납부		합계
		10만 원 이하	10만 원 초과	
인원	8명	2명	3명	13명
총 지급액	170,000,000	60,000,000	90,000,000	320,000,000
세액	△3,500,000	120,000	600,000	△2,780,000

• 2월분(3월 10일 신고) 원천징수이행상황신고서(연말정산분 1차)

　합계금액(A04) = 납부금액 + 분납금액

　3/10 신고 분납금액(A05) = 4/10 신고분 납부금액 + 5/10 신고분 납부금액

소득자 소득구분		코드	원 천 징 수 명 세					⑨ 당월 조정 환급세액	납부세액	
			소 득 지 급 (과세미달,일부비과세 포함)		징 수 세 액				⑩ 소득세 등 (가산세 포함)	⑪ 농어촌 특별세
			④ 인원	⑤ 총지급액	⑥ 소득세 등	⑦ 농어촌 특별세	⑧ 가산세			
근로소득	간이세액	A01								
	중도퇴사	A02								
	일용근로	A03								
	연말정산 합계	A04	13	320,000,000	-2,780,000					
	연말정산 분납신청	A05	3		400,000					
	연말정산 납부금액	A06			-3,180,000					

• 3월분(4/10 신고)~4월분(5/10 신고) 원천징수이행상황신고서(분납 2차, 3차)

소득자 소득구분		코드	원 천 징 수 명 세					⑨ 당월 조정 환급세액	납부세액	
			소 득 지 급 (과세미달,일부비과세 포함)		징 수 세 액				⑩ 소득세 등 (가산세 포함)	⑪ 농어촌 특별세
			④ 인원	⑤ 총지급액	⑥ 소득세 등	⑦ 농어촌 특별세	⑧ 가산세			
근로소득	간이세액	A01								
	중도퇴사	A02								
	일용근로	A03								
	연말정산 합계	A04			200,000					
	연말정산 분납신청	A05								
	연말정산 납부금액	A06			200,000					

분납금액을 납부할 때(2차, 3차)는 합계(A04), 납부금액(A06)란에 분납금액을 동일하게 기재하고, 인원 및 총지급액란은 공란으로 비워둡니다.

• 급여의 귀속 월과 지급 월이 다른 경우의 분납신청 방법

　1회차: 2월 귀속 3월 지급분 신고

　2회차: 3월 귀속 4월 지급분 신고

　3회차: 4월 귀속 5월 지급분 신고

❺ 조정환급 또는 환급신청

연말정산 결과 환급액이 발생하는 경우, 향후 납부할 세액에서 해당 환급세액을 차감하는 '조정환급' 방식과 관할 세무서로부터 돌려받는 '환급신청'을 선택할 수 있습니다.

구분	조정환급	환급신청
공통 제출서식	원천징수이행상황신고서	
추가 제출서식	-	원천징수세액환급신청서 부표 기납부세액명세서

· 조정환급

분납신청이 없는 경우

■ 소득세법 시행규칙 [별지 제21호서식] <개정 2020. 3. 13.>

① 신고구분						[ ]원천징수이행상황신고서 [ ]원천징수세액환급신청서		② 귀속연월	20××년 2월
매월	반기	수정	연말	소득 처분	환급 신청			③ 지급연월	20××년 2월

원천징수 의무자	법인명(상호)		대표자(성명)		일괄납부 여부	여 , 부
					사업자단위과세 여부	여 , 부
	사업자(주민) 등록번호		사업장 소재지		전화번호	
					전자우편주소	@

❶ 원천징수 명세 및 납부세액 (단위: 원)

소득자 소득구분		코드	원천징수명세						⑨ 당월 조정 환급세액	납부세액	
			소득지급 (과세미달,일부비과세포함)		징수세액					⑩ 소득세 등 (가산세 포함)	⑪ 농어촌 특별세
			④ 인원	⑤ 총지급액	⑥ 소득세 등	⑦ 농어촌 특별세	⑧ 가산세				
근로 소득	간이세액	A01	13	30,000,000	1,500,000						
	중도퇴사	A02									
	일용근로	A03									
	연말 정산 합계	A04	13	320,000,000	-2,780,000						
	분납신청	A05									
	납부금액	A06			-2,780,000						
	가감계	A10			-1,280,000						
총 합 계		A99									

❷ 환급세액 조정 (단위: 원)

전월 미환급 세액의 계산			당월 발생 환급세액					⑱ 조정대상 환급세액 (⑭+⑮+⑯+ ⑰)	⑲ 당월조정 환 급세액계	⑳ 차월이월 환급세액 (⑱-⑲)	㉑ 환급 신청액
⑫ 전월 미환급세액	⑬ 기환급 신청세액	⑭ 차감잔액 (⑫-⑬)	⑮ 일반 환급	⑯신탁재산 (금융 회사 등)	⑰ 그 밖의 환급 세액						
					금융 회사 등	합병 등					
			1,280,000								

분납신청이 있는 경우

① 신고구분						[ ]원천징수이행상황신고서 [ ]원천징수세액환급신청서		② 귀속연월	20××년 2월
매월	반기	수정	연말	소득 처분	환급 신청			③ 지급연월	20××년 2월

원천징수 의무자	법인명(상호)		대표자(성명)		일괄납부 여부	여, 부
					사업자단위과세 여부	여, 부
	사업자(주민) 등록번호		사업장 소재지		전화번호	
					전자우편주소	@

❶ 원천징수 명세 및 납부세액   (단위: 원)

소득자 소득구분		코드	원 천 징 수 명 세						⑨ 당월 조정 환급세액	납부세액	
			소 득 지 급 (과세미달,일부비과세포함)		징 수 세 액					⑩ 소득세 등 (가산세 포함)	⑪ 농어촌 특별세
			④ 인원	⑤ 총지급액	⑥ 소득세 등	⑦ 농어촌 특별세	⑧ 가산세				
근로 소득	간이세액	A01	13	30,000,000	1,500,000						
	중도퇴사	A02									
	일용근로	A03									
	연말 정산 합계	A04	13	320,000,000	-2,780,000						
	분납신청	A05	3		400,000						
	납부금액	A06			-2,780,000						
	가감계	A10	26	350,000,000	-1,680,000						
총 합 계		A99									

❷ 환급세액 조정   (단위: 원)

전월 미환급 세액의 계산			당월 발생 환급세액					⑱ 조정대상 환급세액 (⑭+⑮+⑯+ ⑰)	⑲ 당월조정 환 급세액계	⑳ 차월이월 환급세액 (⑱-⑲)	㉑ 환급 신청액
⑫ 전월 미환급세액	⑬ 기환급 신청세액	⑭ 차감잔액 (⑫-⑬)	⑮ 일반 환급	⑯ 신탁재산 (금융 회사 등)	⑰ 그 밖의 환급 세액						
					금융 회사 등	합병 등					
			1,680,000						1,680,000	1,680,000	

· 환급신청

환급신청을 하려면 원천징수이행상황신고서 상의 신고 구분란 '환급신청'에 ○표시 및 원천징수세액환급신청서에 V 표시를 하고 '21.환급신청란'에 환급신청 금액을 기재합니다. 환급신청 시에는 '원천징수세액환급신청서 부표'와 '기납부세액 명세서'를 작성해야 합니다.

분납신청이 없는 경우

■ 소득세법 시행규칙 [별지 제21호서식] <개정 2020. 3. 13.>

① 신고구분						[ ]원천징수이행상황신고서 [V]원천징수세액환급신청서		② 귀속연월	20××년 2월
매월	반기	수정	연말	소득처분	환급신청			③ 지급연월	20××년 2월

원천징수 의무자	법인명(상호)		대표자(성명)		일괄납부 여부	여, 부
					사업자단위과세 여부	여, 부
	사업자(주민) 등록번호		사업장 소재지		전화번호	
					전자우편주소	@

❶ 원천징수 명세 및 납부세액 (단위: 원)

소득자 소득구분		코드	원천징수명세						⑨ 당월 조정 환급세액	납부세액	
			소득지급 (과세미달, 일부비과세 포함)		징수세액					⑩ 소득세 등 (가산세 포함)	⑪ 농어촌 특별세
			④ 인원	⑤ 총지급액	⑥ 소득세 등	⑦ 농어촌 특별세	⑧ 가산세				
근로 소득	간이세액	A01	13	30,000,000	1,500,000						
	중도퇴사	A02									
	일용근로	A03									
	연말 정산 합계	A04	13	320,000,000	-2,780,000						
	연말 정산 분납신청	A05	3								
	연말 정산 납부금액	A06			-2,780,000						
	가감계	A10	26	350,000,000	-1,280,000						
총 합 계		A99									

❷ 환급세액 조정 (단위: 원)

전월 미환급 세액의 계산			당월 발생 환급세액				⑱ 조정대상 환급세액 (⑭+⑮+⑯+ ⑰)	⑲ 당월조정 환 급세액계	⑳ 차월이월 환급세액 (⑱-⑲)	㉑ 환급 신청액
⑫ 전월 미환급세액	⑬ 기환급 신청세액	⑭ 차감잔액 (⑫-⑬)	⑮ 일반 환급	신탁재산 (금융 회사 등)	⑯ 그 밖의 환급 세액					
					금융 회사 등	합병 등				
			1,280,000				1,280,000		1,280,000	1,280,000

분납신청이 있는 경우

■ 소득세법 시행규칙 [별지 제21호서식] <개정 2020. 3. 13.>　(10쪽 중 제1쪽)

① 신고구분						[ ]원천징수이행상황신고서 [√]원천징수세액환급신청서	② 귀속연월	20××년 2월
매월	반기	수정	연말	소득 처분	환급 신청		③ 지급연월	20××년 2월

원천징수 의무자	법인명(상호)		대표자(성명)		일괄납부 여부	여, 부
	사업자(주민) 등록번호		사업장 소재지		사업자단위과세 여부	여, 부
					전화번호	
					전자우편주소	@

❶ 원천징수 명세 및 납부세액　(단위: 원)

소득자 소득구분		코드	원 천 징 수 명 세						납부세액	
			소 득 지 급 (과세미달, 일부비과세 포함)		징수세액			⑨ 당월 조정 환급세액	⑩ 소득세 등 (가산세 포함)	⑪ 농어촌 특별세
			④ 인원	⑤ 총지급액	⑥ 소득세 등	⑦ 농어촌 특별세	⑧ 가산세			
근로소득	간이세액	A01	13	30,000,000	1,500,000					
	중도퇴사	A02								
	일용근로	A03								
	연말정산 합계	A04	13	320,000,000	-2,780,000					
	연말정산 분납신청	A05	3		400,000					
	연말정산 납부금액	A06			-3,180,000					
	가감계	A10	26	350,000,000	-1,680,000					
총 합 계		A99								

❷ 환급세액 조정　(단위: 원)

전월 미환급 세액의 계산			당월 발생 환급세액				⑱ 조정대상 환급세액 (⑭+⑮+⑯ +⑰)	⑲ 당월조정환 급세액계	⑳ 차월이월 환급세액 (⑱-⑲)	㉑ 환급 신청액
⑫ 전월 미환급세액	⑬ 기환급 신청세액	⑭ 차감잔액 (⑫-⑬)	⑮ 일반 환급	⑯ 신탁재산 (금융 회사 등)	⑰ 그 밖의 환급 세액					
					금융 회사 등	합병 등				
		1,680,000					1,680,000		1,880,000	1,680,000

111

◆ 원천징수이행상황신고서 및 지급명세서 제출시기 ◆

1월	10일	반기별 신고납부(7월~12월)
	31일	하반기 간이(근로, 사업)지급명세서 제출
2월	28일	이자·배당·연금·기타소득 지급명세서 제출
3월	10일	사업·근로·퇴직소득 지급명세서 제출
6월		반기별 신고납부 신청기간
7월	10일	반기별 신고납부(1월~6월)
	31일	상반기 간이(근로, 사업)지급명세서 제출
12월		반기별 신고납부 신청기간

2021년 7월분(8월 제출)부터 일용근로소득지급명세서 매월 제출

위와 같이 원천징수의무자가 매월 원천징수이행상황신고서를 제출하더라도 과세관청에서는 원천징수대상 소득자의 소득 종류, 인원수, 금액만을 알 수 있습니다. 그렇다면, 누구의 소득이 얼마나 되는지 과세관청은 어떻게 파악할 수 있을까요? 바로 지급명세서의 제출을 통해서 파악할 수 있습니다. 누구에게 언제, 얼마를 지급하였는지 총액에 대한 신고는 지급명세서 제출로 이루어지는데요. 이자·배당·기타소득 또는 원천징수대상 사업소득에 대한 지급명세서는 다음 해 2월 28일까지, 이중 근로, 퇴직, 원천징수대상 사업소득 및 봉사료는 다음 해 3월 10일까지 제출하도록 규정되어 있습니다.

지급명세서를 제출기한 내 제출하지 않거나, 불분명하게 제출하였을 때는 지급금액 또는 불분명한 금액의 1%에 상당하는 금액을 소득세(법인세)에 가산해서 징수합니다. 다만, 원천징수의무자가 제출 기간 경과 후 1개월 이내(개인은 3개월 이내)에 제출하면 0.5%에 상당하는 금액을 법인세(소득세)에 가산하여 납부합니다.

김대리에게 물어보세요

Q 지급명세서를 미제출해도 가산세를 물게 되나요?

A 네. 가산세 부과 대상입니다. 실제로 지급명세서를 미제출하여 가산세를 부담하는 경우를 종종 볼 수 있습니다. 이는 지급명세서를 1년에 한 번 제출하기 때문에 발생하는 문제로 세무대리인 사이에서도 종종 보는 일입니다. 근로소득 지급명세서는 연말정산을 통하므로 누락하는 경우가 거의 없지만, 회사의 특성에 따라 흔히 지급하지 않는 기타소득 등을 1년 중 한 번 신고한 경우에 놓치는 경우가 많으니 반드시 1년 치 원천징수이행상황신고서를 꼼꼼히 체크하세요.

급여대장 작성하기

월간 업무 중 가장 중요한 일로 꼽을 수 있는 것이 급여명세서와 급여대장 작성일 텐데요. 한 달간 근로의 대가를 받는다는 점에서 근로자에게도 중요하지만, 이 급여대장을 올바르게 작성해야 비용 처리를 정확하게 할 수 있기 때문에 회사 입장에서도 매우 중요한 일입니다. 급여대장은 세무회계 프로그램, 회사 내부 프로그램 혹은 엑셀까지 회사별로 다양한 방법과 형식으로 작성됩니다. 상황별 구체적인 작성 방법을 모두 다룰 수는 없으나, 일반적으로 급여대장 작성 시 숙지해야 할 내용을 안내합니다.

◆ 급여대장 항목 파악하기 ◆

· 수당

수당은 기본적으로 기본급과 상여로 구분됩니다. 회사별 상황에 따라서 추가근로수당이나 연장수당 등의 항목을 추가할 수 있습니다. 비과세에 해당하는 수당도 구분하여 추가 가능합니다. 자주 사용되는 비과세 수당의 세부 내용은 다음과 같습니다. 각 수당별로 비과세 한도금액을 확인해야 합니다.

항목	구분	한도	지급명세
식대	월	100,000원	미제출
자가운전	월	200,000원	미제출
연구개발비	월	200,000원	제출

육아수당	월	100,000원	제출
육아·산전 후 휴가	년	6,000,000원	미제출

• 제출비과세 vs 미제출비과세

급여대장에는 해당 항목이 모두 표시되지만 아래의 서식에서는 차이가 납니다. 다시 말해 원천징수이행상황신고서 상의 총지급액과 근로소득원천징수영수증상의 총급여액은 다를 수 있습니다.

구분	제출비과세	미제출비과세
원천징수이행상황신고서	포함하여 신고	제외하여 신고
근로소득원천징수영수증	제외하여 신고	제외하여 신고

• 공제

4대보험료와 학자금상환액 등이 공제항목으로 표기됩니다. 두루누리 지원으로 인한 국민연금 및 고용보험 지원금이나 건강보험 감면금액도 공제 항목을 통해 표기하면 됩니다.

• 원천세

간이세액표에 의하여 결정된 근로소득세와 지방소득세가 표기됩니다. 위 비과세 항목에 해당하는 급여는 제외한 과세 급여에 대해서 소득세를 징수합니다.

• 차인지급액

실제 근로자에게 지급되는 세후급여입니다.

◆ 4대보험료 확인 후 공제내역 작성 ◆

근로자가 입사하면 4대보험 취득신고를 하는데, 이때 매달 납부할 4대보험료를 산정하는 기준으로 쓰일 기준보수월액을 기입합니다. 그리고 매달 급여대장 작성 시에 부과고지되는 4대보험료를 확인하여 공제항목으로 넣어줍니다. 4대보험료를 확인하는 방법은 크게 2가지로 볼 수 있습니다.

· EDI 확인

가장 간편하고 정확한 방법으로 공단 EDI를 통해 매달 부과고지 내역을 확인합니다.

· 요율 적용하여 계산

근로자의 기준보수월액에 4대보험 요율을 곱하여 계산한 금액을 입력할 수 있습니다. 단, 이 경우에 두루누리 지원, 감면 및 정산이 반영되지 않아 실제 부과고지 되는 금액과 차이가 날 수 있습니다.

◆ 중도퇴사자 정산 반영 ◆

계속 근무자라면 1월~12월의 급여내역을 다음 해 2월에 연말정산하여 2월분 급여에 반영합니다. 이때 근로자들은 결정세액을 낮추기 위해 연말정산 간소화 자료를 비롯하여 공제 가능한 증빙을 제출합니다. 하지만 중도퇴사자라면 퇴사하는 시점에 일차적으로 정산을 해야 합니다. 그 해의 근무 시작일부터 퇴사일까지의 급여 기준으로 하되 공제 자료를 제출하지 않고 계산합니다. 따라서 급여담당자는 퇴사자가 있는 달에는 급여대장 작성 시 중도퇴사자 정산을 놓쳐서는 안 됩니다. 해당 근로자는 이직 후 다음 회사에서 합산하여 연말정산 하거나 추가 공제를 받기 위해서는 다음 해 5월에 종합소득세를 신고해야 합니다.

2021년 04월분 급여명세서

사원코드:		사원명:		입사일:	
부 서:		직 급:		호 봉:	

지 급 내 역	지 급 역	공 제 내 역	공 제 역
기본급	5,000,000	국민연금	128,700
상여		건강보험	140,480
식대	100,000	고용보험	
연장근로수당		장기요양보험료	16,050
기타		소득세	350,470
		지방소득세	35,040
		연말정산소득세	
		연말정산지방소득세	
		건보료정산	
		건강보험료정산	
		요양보험료정산	
		고용보험료정산	
		공 제 액 계	670,740
지 급 액 계	5,100,000	차인지급액	4,429,260

귀하의 노고에 감사드립니다.

6

연말정산

근로소득을 지급하는 자(원천징수의무자, 즉 회사)는 해당 연도의 다음연도 2월분 급여를 지급할 때에 연말정산을 수행해야 합니다(소법 137 ①, 134 ②).

급여명세표를 살펴보면 매달 근로소득을 지급할 때 소득세가 공제되는 것을 볼 수 있는데요. 이 소득세는 '근로소득간이세액표'에 따라서 급여액과 부양가족의 수를 기준으로 결정합니다. 연말정산을 통해 근로자는 매달 급여를 받을 때 원천징수되었던 세금과 1년치의 급여를 합하여 각종 공제 후 실제로 냈어야 하는 세금을 비교하여 적게 납부한 경우 추가 납부하거나, 많이 납부한 경우 환급을 받게 됩니다.

연말정산 대상자

연말정산 대상자 파악이 잘못되어 지급명세서 제출이 잘못되면 이는 가산세와 직결됩니다. 따라서 해당 근로자가 연말정산의 대상자인지 파악하는 것은 매우 중요합니다. 원칙적으로 해당 연도에 일용근로소득이 아닌 일반근로소득(상용근로소득)이 발생한 자로, 12월 31일 현재 재직하고 있는 근로자가 연말정산의 대상자입니다.

◆ 중도퇴사, 연중입사자의 연말정산 ◆

❶ 근로자가 연중에 퇴사하는 경우(중도퇴사)

근로자가 해당 과세기간에 중도 퇴직하는 경우 연중 근로기간에 대한 근로소득을 퇴사 시점까지 계산하여 중도에 정산합니다. 이를 중도퇴사 또는 근로소득 중도정산이라고 합니다. 이때, 연말정산간소화서비스 등 공제를 위한 자료를 제출하지 않기 때문에 납부세액이 높을 수 있습니다. 이런 경우 타 근무지로 이직한다면 해당 근무지 연말정산에 포함하여 진행하거나, 다음 해 5월 종합소득세 신고를 직접 진행해야 합니다.

❷ 근로자가 연중에 입사하는 경우(연중입사)

근로자가 해당 과세기간의 중도에 입사하여 12월 31일 현재 재직하고 있다면 연말정산 대상자가 됩니다. 해당 근로자가 이전 직장이 있다면, 전 직장에서 근로소득원천징수영수증을 제출하여 함께 연말정산을 진행합니다.

❸ 근로자가 12월 31일에 퇴사하는 경우

원칙적으로 다음 해 5월 종합소득세 확정신고를 진행해야 합니다. 하지만 원천징수의무자인 회사 편의에 따라 중도퇴사 또는 연말정산 둘 중 선택할 수 있고 근로자가 속한 회사에서 처리해 줍니다.

TIP.

퇴직소득원천징수영수증은 퇴직금을 받은 것에 대한 영수증으로 중도퇴사자의 근로소득원천징수영수증과는 다릅니다.

◆ 연말정산 대상자 한눈에 보기 ◆

구분	정산대상		비대상	비고
	연말	중도		
1) 12월말 현재 재직자	○			기본 대상자
2) 연중 입사자	○			연말에 재직 중이므로 대상
3) 연중 퇴사자		○		중도정산 대상
4) 일용근로자	○			일용근로소득은 분리과세
5) 근로소득이 적은자	○			급여액과 관계없이 대상
6) 다른 종합소득이 있는자	○			연말정산 수행 후 근로자 스스로 5월에 다른 종합소득을 합하여 확정신고
7) 12/31 입사자	○			연말에 재직 중이므로 근로소득 발생하였다면 대상
8) 12/31 퇴사자	○	○		원칙적으로 중도정산대상, 실무적으로 연말정산 수행하여도 무방
9) 연중 일용근로자에서 일반근로자로 전환된 자	○			연말 현재 재직 중이라면 일용직 입사 시점부터 연말정산대상소득세 포함
10) 2중근무자	○			각 근무지에서 연말정산 수행
11) 시용 및 수습근로자	○			근로소득 발생했다면 대상
12) 비상근임원	○			근로소득 발생했다면 대상
13) 파견받은 근로자			○	파견한 회사에서 연말정산 수행
14) 비거주자 외국인	○			연말정산 대상이나 거주자와 일부 소득이나 세액공제상의 차이는 있음
15) 급여를 외국본사에서 받은 외국법인소속 국내파견근로자	△		○	급여 지급 주체가 내국인 또는 국내사업자가 아니므로 연말정산대상 아님. 5월 종합소득세 신고 대상 또는 과세 제외가 원칙

16) 사업자등록이 있는 전문직고문			○	세금계산서 수수 대상
17) 고용관계 아니고, 사업자등록 없는 고문			○	사업소득 또는 기타소득 원천징수 대상소득

◆ 소득, 세액공제 항목별 제출 서류 요청하기 ◆

연말정산 대상자에게 연말정산을 위해 증명이 가능한 서류를 요청해야 합니다 (P.196 참고). 국세청 연말정산 간소화서비스를 이용하면 자료 제출이 편리합니다.

◆ 편리한 연말정산 서비스 ◆

근로소득 연말정산 대상 근로자 수가 적은 원천징수의무자의 경우 국세청 홈택스에 접속합니다. '편리한 연말정산 서비스'를 이용하면 소득·세액공제신고서를 수기 작성하거나 공제 증명서류를 전산에 입력하는 불편함을 없앨 수 있습니다. 홈택스에서 임직원이 소득·세액공제신고서를 간편제출하고 회사는 이를 토대로 지급명세서를 작성, 제출하는 방식입니다.

복잡한 원천징수영수증 파헤치기

연말정산에 필요한 서류를 모두 제출하고, 완료된 원천징수영수증을 보아도 무엇을 어떻게 살펴봐야 하는지 알 수 없죠. 그럴 땐 다음 내용만 확인하세요.

■ 소득세법 시행규칙 [별지 제24호서식(1)] <개정 2021. 3. 16.>

[8쪽 중 제1쪽]

[ ]근로소득 원천징수영수증
[ ]근로소득 지 급 명 세 서
([ ]소득자 보관용 [ ]발행자 보관용 [ ]발행자 보고용)

관리번호

거주구분 거주자1/비거주자2
거주지국 거주지국코드
내 · 외국인 내국인1 /외국인9
외국인단일세율적용 여 1 / 부 2
외국법인소속 파견근로자여부 여 1 / 부 2
종교관련종사자 여부 여 1 / 부 2
국적 국적코드
세대주 여부 세대주1, 세대원2
연말정산 구분 계속근로1, 중도퇴사2

❶ 징수의무자
① 법인명(상 호) ② 대 표 자(성 명)
③ 사업자등록번호 ④ 주 민 등 록 번 호
③-1 사업자단위과세자 여부 여1 / 부2 ③-2 종사업장 일련번호
⑤ 소 재 지(주소)

소득자
⑥ 성 명 ⑦ 주 민 등 록 번 호(외국인등록번호)
⑧ 주 소

구 분	주(현) ❷	종(전) ❸	종(전)	⑩-1 납세조합	합 계
⑨ 근 무 처 명					
⑩ 사업자등록번호					
⑪ 근무기간	~	~	~	~	~
⑫ 감면기간	~	~	~	~	~
⑬ 급 여					
⑭ 상 여					
⑮ 인 정 상 여					
⑮-1 주식매수선택권 행사이익					
⑮-2 우리사주조합인출금					
⑮-3 임원 퇴직소득금액 한도초과액					
⑮-4 직무발명보상금					
⑯ 계					

구분		
⑱ 국외근로	MOX	
⑱-1 야간근로수당	OOX	
⑱-2 출산 · 보육수당	QOX	
⑱-4 연구보조비	HOX	
⑱-5		
⑱-6		
~		
⑱-36		
⑲ 수련보조수당	Y22	
⑳ 비과세소득 계		
⑳-1 감면소득 계		

구 분 ❹	㉖ 소 득 세	㉗ 지방소득세	㉘ 농어촌특별세
㉑ 결 정 세 액			
기납부세액 ㉒ 종(전)근무지 (결정세액란의 세액을 적습니다) 사업자 등록 번호			
㉓ 주(현)근무지			
㉔ 납부특례세액			
㉕ 차 감 징 수 세 액 (㉑-㉒-㉓-㉔) ❻			

❺ 세액명세

위의 원천징수액(근로소득)을 정히 영수(지급)합니다.

징수(보고)의무자 년 월 일
(서명 또는 인)

세 무 서 장 귀하

210mm×297mm[백상지 80g/㎡ 또는 중질지 80g/㎡]

❽

㉑ 총급여(⑯, 외국인단일세율 적용시 연간 근로소득)			
㉒ 근로소득공제			
㉓ 근로소득금액 **❼**			

IV 정산명세서

구분	세부 항목	대상금액	공제금액
기본공제	㉔ 본인		
	㉕ 배우자		
	㉖ 부양가족 (명)		
추가공제	㉗ 경로우대 (명)		
	㉘ 장애인 (명)		
	㉙ 부녀자		
	㉚ 한부모가족		
연금보험료공제	㉛ 국민연금보험료	대상금액	공제금액
공적연금 보험료공제	㉜ ⑦ 공무원연금	대상금액	공제금액
	⑭ 군인연금	대상금액	공제금액
	⑭ 사립학교교직원연금	대상금액	공제금액
	⑭ 별정우체국연금	대상금액	
특별소득공제 보험료	㉝ ⑦ 건강보험료(노인장기요양보험료포함)	대상금액	공제금액
	⑭ 고용보험료	대상금액	공제금액

특별소득공제 — 주택자금

⑭ 주택임차차입금 원리금상환액	대출기관
	거주자
2011년 이전 차입분	15년 미만
	15년~29년
	30년 이상
장기주택저당 차입금 이자 상환액	2012년 이후 차입분(15년 이상): 고정금리 이거나, 비거치상환 대출
	그 밖의 대출
2015년 이후 차입분(15년 이상)	고정금리이면서 비거치상환 대출
	고정금리 이거나, 비거치상환 대출
	그 밖의 대출
10년~15년 미만	고정금리 이거나, 비거치상환 대출

㉞ 기부금(이월분)	
㉟ 계	
㊱ 차감소득금액	

그 밖의 소득공제

㊲ 개인연금저축	
㊳ 소기업·소상공인 공제부금	
㊴ 주택마련저축소득공제 ⑦ 청약저축	
⑭ 주택청약종합저축	
⑭ 근로자주택마련저축	
㊵ 투자조합출자 등	
㊶ 신용카드등 사용액	
㊷ 우리사주조합 출연금	
㊸ 고용유지 중소기업 근로자	
㊹ 장기집합투자증권저축	
㊺ 그 밖의 소득공제 계	
㊻ 소득공제 종합한도 초과액	

❽

㊸ 종합소득 과세표준		
㊹ 산출세액		

세액감면

㊺ 「소득세법」		
㊻ 「조세특례제한법」(㊺ 제외)		
㊼ 「조세특례제한법」 제30조		
㊽ 조세조약		
㊾ 세액감면 계		

세액공제

구분	세부 항목	공제대상금액	세액공제액
근로소득			
자녀	공제대상자녀 (명)		
	출산·입양자 (명)		
연금계좌	㊿ 「과학기술인공제회법」에 따른 퇴직연금	공제대상금액	세액공제액
	「근로자퇴직급여 보장법」에 따른 퇴직연금	공제대상금액	세액공제액
	연금저축	공제대상금액	세액공제액
특별세액공제	보험료 보장성	공제대상금액	세액공제액
	장애인전용보장성	공제대상금액	세액공제액
	의료비	공제대상금액	세액공제액
	교육비	공제대상금액	세액공제액
기부	⑦ 정치자금기부금 10만원 이하	공제대상금액	세액공제액
	10만원 초과	공제대상금액	세액공제액
	⑭ 「소득세법」 제34조제2항제1호에 따른 기부금	공제대상금액	세액공제액
	⑭ 우리사주조합 기부금	공제대상금액	세액공제액
	⑭ 「소득세법」 제34조제3항제1호의 기부금(종교단체 외)	공제대상금액	세액공제액
	⑭ 「소득세법」 제34조제3항제1호의 기부금(종교단체)	공제대상금액	세액공제액
	⑭ 계		
표준세액공제			
납세조합공제			
주택차입금			
외국납부			
월세액		공제대상금액	세액공제액
세액공제 계			

❹

㊼ 결정세액(㊹-㊾-세액공제계)	
㊽ 실효세율(%) (㊼/㉑)×100	

210mm×297mm[백상지 80g/㎡ 또는 중질지 80g/㎡]

❶ 연말정산을 실행하는 회사의 정보

❷ 연말정산을 실행한 회사(주(현) 사업장) 정보와 그 회사로부터 받은 급여 내용

❸ 해당연도에 퇴사한 직전 사업장 또는 이중근무 중인 사업장의 정보와 그로부터 받은 급여 내용

❹ 연간 총 급여에서 소득공제, 세액공제를 반영하여 최종적으로 결정된 당해년도 세액

❺ 연간 급여에서 원천징수 되었던 납부세액의 합계액(기납부세액보다 더 큰 금액을 환급 받을 수 없습니다. 납부한 세금을 한도로 환급받을 수 있습니다.)

❻ 결정세액과 기납부세액의 차액(양수인 경우: 추가 납부, 음수인 경우: 환급)

❼ 총급여(세전 급여)에서 근로소득공제(법정산식)을 공제한 금액

❽ 근로소득금액에서 각종 소득공제를 제한 금액

· 소득공제, 세액공제 중

   대상금액: 근로자가 제출한 증빙서류에 의해 입력된 금액

   공제금액: 대상금액 중 세법에 따라 공제가 확정된 금액

근로자 기초정보 등록

회사는 홈택스에서 근로자의 기초 정보(성명 및 주민등록)을 등록합니다. 홈택스에서 제공하는 엑셀서식을 이용하면 일괄등록할 수 있어 더욱 편리합니다.

소득·세액공제신고서 작성 및 전송

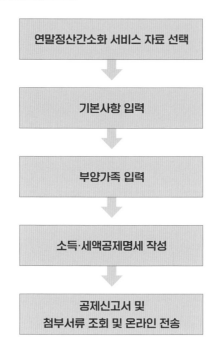

연말정산간소화 서비스 자료 선택

⬇

기본사항 입력

⬇

부양가족 입력

⬇

소득·세액공제명세 작성

⬇

공제신고서 및
첨부서류 조회 및 온라인 전송

◆ 중소기업 취업자에 대한 소득세 감면 ◆

중소기업에 취업한 근로자에게 소득세를 감면해 주는 제도가 있습니다. 회사와 근로자가 요건에 해당한다면 신청하여 소득세 감면을 받는 것이 좋습니다.

지원대상

2021년 12월 31일까지 다음에 해당하는 근로자가 「중소기업기본법」 제2조에 따른

중소기업(비영리 기업을 포함)으로서 일정한 중소기업체에 취업하는 경우

❶ 청년: 근로계약 체결일 현재 연령이 15세 이상 34세 이하(병역 이행 기간은 6년을 한도로 연령 계산에서 제외)

❷ 60세 이상의 사람: 근로계약 체결일 현재 연령이 60세 이상인 사람

❸ 장애인: 「장애인복지법」의 적용을 받는 장애인과 「국가유공자 등 예우 및 지원에 관한 법률」에 따른 상이자, 「5·18민주유공자예우에 관한 법률」 제4조 제2호에 따른 5·18민주화운동부상자 및 「고엽제후유의증 등 환자지원 및 단체 설립에 관한 법률」에 따른 고엽제후유의증환자로서 장애등급 판정을 받은 사람

❹ 경력단절 여성: 아래 요건을 모두 충족하는 여성

· 해당 중소기업에서 1년 이상 근무(해당 중소기업이 경력단절 여성의 근로소득세를 원천징수하였던 사실이 확인되는 경우에 한함)하였을 것

· 결혼, 임신 출산, 육아 및 자녀교육의 사유로 퇴직하였을 것

· 해당 중소기업에서 퇴직한 날부터 3년 이상 10년 미만의 기간이 지났을 것

· 해당 중소기업의 최대 주주 또는 최대출자자(개인사업자의 경우에는 대표자)나 그와 특수관계인이 아닐 것

지원내용

중소기업으로부터 받는 근로소득으로서 취업일부터(경력단절 여성의 경우에는 재취업일) 3년(청년의 경우 5년)이 되는 날이 속하는 달까지 발생한 소득에 대해서는 소득세의 70%(청년의 경우 90%)를 감면(과세기간별로 150만 원 한도) 받을 수 있습니다.

절차 및 제출 서류

❶ 근로자: 원천징수의무자에게 '중소기업 취업자 소득세 감면신청서'를 제출. 단, 퇴직한 근로자의 경우 해당 근로자의 주소지 관할 세무서장에게 감면 신청이 가능합니다.

❷ 원천징수의무자: '중소기업 취업자 소득세 감면 대상명세서'를 신청을 받은 날이 속하는 달의 다음 달 10일까지 원천징수 관할 세무서장에게 제출합니다.

김대리에게 물어보세요

Q 중소기업 소득세 대상이었지만, 회사 규모가 급격히 커지면서 중소기업이 아니게 되었습니다. 그렇다면 소득세 감면을 받을 수 있을까요?

A 취업 일이 속하는 과세 연도에 중소기업체에 해당했으나 해당 중소기업체가 규모 확대로 그다음 연도부터 중소기업에 해당하지 않게 된 경우라도 그 사유가 발생한 과세 연도와 그 이후 3년(총 4년) 과세 연도까지는 중소기업으로 보는 유예기간에 해당하므로 계속 감면받을 수 있습니다.

7

종합소득세

종합소득세 살펴보기

개인이 당해연도에 벌어들이는 소득 중 이자, 배당, 사업, 근로, 연금, 기타소득을 합산한 것을 종합소득이라고 합니다. 종합소득이 있는 사람은 다음 해 5월 1일부터 5월 31일까지 직전 연도의 종합소득세를 신고·납부해야 합니다(2021년 1월~12월의 종합소득을 2022년 5월에 신고). 또한, 업종별로 매출액이 일정 금액 이상이 되면 성실 신고 확인 대상 사업자로 선정되며, 이 경우 다음 해 6월 1일부터 6월 30일까지 신고·납부해야 합니다.

다만, 퇴직소득이나 양도소득은 종합소득세의 합산 대상이 아닙니다. 퇴직소득은 우리가 흔히 알고 있는 퇴직금으로 오랜 기간 회사에서 근무하고 퇴사하였을 때 지급되는 금액입니다. 이는 노후 자금이나 퇴사 후 생활자금으로 사용될 수 있어서 종합소득세로 과세하게 되면, 큰 세금 부담이 예상되므로 분류하여 과세합니다. 양도소득은 주택이나 건물 등을 양도한 차액으로 이 역시 자주 발생하지 않고, 종합소득세로 합산 시 세금 부담이 과다할 수 있어 분류하여 과세합니다.

◆ 소득 구분 ◆

구분		내용
이자소득		금융기관 등 남에게 돈을 빌려주고, 그에 대한 대가로 받는 이자
배당소득		내국법인 등으로부터 받는 이익이나 잉여금의 배당
사업소득	부동산 임대소득	부동산 임대업에서 발생하는 소득
	일반사업소득	개인이 독립적인 지위에서 영리를 목적으로 계속, 반복적으로 행하는 사업에서 얻어지는 소득

근로소득	근로를 제공하고 받는 모든 대가
연금소득	노후 생활 보장 등을 목적으로 금융상품을 불입하였다가 사유충족 시 매년 또는 매월 수령하는 금액
기타소득	상금, 사례금, 취업료, 강연료, 인세 등 법에서 지정하는 기타소득

◆ 종합소득세 신고는 누가 해야 하나요? ◆

거주자

세법에서 종합소득세의 신고·납부 의무 대상자는 거주자로 한정하고 있습니다. 거주자란 국내에 주소를 두거나 국내에 183일 이상 거소를 둔 개인을 말합니다. 우리가 일반적으로 알고 있는 대한민국 국적자이면서 대부분을 국내에서 거주하고 있다면 거주자에 속하지만, 거주자는 국적과는 조금 다른 개념으로 외국인이라 할지라도 국내에 주소를 두거나 183일 이상 거소를 둔 경우에는 거주자에 해당합니다.

종합소득세 면제 대상

종합소득이 있는 모든 거주자가 5월에 종합소득세 확정 신고납부의 의무를 지는 것은 아닙니다. 다음 몇 가지 경우는 종합소득세 확정신고 의무가 면제됩니다. 종합소득세를 내지 않는 것이 아니라 5월 종합소득세 신고의 의무만 없는 것입니다.

❶ 근로소득만 있는 사람으로서 회사에서 연말정산을 한 경우

❷ 직전 연도 수입금액이 7,500만 원 미만인 보험 모집인 또는 방문 판매원, 음료품 배달원 등으로 소속 회사에서 연말정산을 한 경우

❸ 비과세 또는 분리과세(원천징수만으로 납세의무가 종결되는 세금)되는 소득만 있는 경우

❹ 연 300만 원 이하인 기타소득만 있는 자로서 분리과세를 원하는 경우

....
김대리에게 물어보세요

Q 2020년 1~5월까지 A 회사를 다니고, 8월~12월까지 B회사를 다녔어요. B 회사를 퇴사하여 2021년 연말정산을 하지 못하였어요. 이런 경우, 종합소득세 확정신고 대상인가요?

A 2020년 중 A 회사와 B 회사에서 근무하여 두 군데에서 근로소득이 발생했다면 근로소득을 모두 합산하여 신고할 의무가 있습니다. 보통은 현재 다니고 있는 회사에서 연말정산 시 이전 회사 근로소득원천징수영수증을 제출하면 합산하여 신고해 주지만, 질문의 경우는 회사에서 연말정산을 하지 않았습니다. 그러므로 2021년 5월 종합소득세 확정신고를 통해 A, B회사의 근로소득을 합산하여 신고·납부하여야 합니다.

◆ 종합소득세 계산 방법[2] ◆

종합소득세율은 2020년까지는 5억 원 초과 구간까지만 존재했지만, 2021년 개정되어 10억 원 초과 구간이 생겼습니다.

과세표준	세율	누진세액공제
1,200만 원 이하	6%	0만 원
1,200만 원 초과 ~ 4천 6백만 원 이하	15%	108만 원
4천 6백만 원 초과 ~ 8천 8백만 원 이하	24%	522만 원
8천 8백만 원 초과 ~ 1억 5천만 원 이하	35%	1,490만 원
1억 5천만 원 초과 ~ 3억 원 이상	38%	1,940만 원
3억 원 초과 ~ 5억 원 이하	40%	2,540만 원
5억 원 초과 ~ 10억 원 이하	42%	3,540만 원
10억 원 초과	45%	6,540만 원

2) 종합소득세율. 2021년 기준

소득과 소득금액 차이(소득별 순이익 계산법)

종합과세되는 소득은 세법상 계산하는 방법이 달라 5가지 유형으로 구분됩니다. 특히 종합소득세법에서는 '소득'과 '소득금액'이 다른 개념입니다.

수 입	사업소득(전체 매출액)	근로소득(총 급여액)
경 비	필요경비	근로소득공제
순이익	사업소득금액	근로소득금액

사업소득과 근로소득으로 예를 들겠습니다. '사업소득'은 전체 매출액을 말하고 여기에 사업과 관련된 각종 경비를 '필요경비'라고 부릅니다. 매출액에서 이 필요경비를 차감한 순이익에 해당하는 금액을 '사업소득금액'이라고 부릅니다. 2020년처럼 코로나로 인하여 매출보다 월 임대료나 인건비가 더 많이 나가서 오히려 경비가 더 큰 경우에는 사업소득이 마이너스가 될 수 있습니다. 그런 경우에는 세율을 곱해도 마이너스가 되므로 세금은 내지 않게 됩니다. 그렇지만 마이너스라고 해도 반드시 환급이 발생하는 것은 아닙니다. 세금 환급은 미리 낸 세금이 존재할 때만 받을 수 있어, 만일 11월 종합소득세 중간예납 시 납부를 하였거나 원천징수한 소득세액이 있는 경우에만 환급받을 수 있습니다.

근로소득도 사업소득과 마찬가지로 공제를 해줍니다. 그런데 사업소득처럼 사업에 들어간 경비를 전부 차감하는 방식이 아닌 세법에서 정한 바에 따라 '근로소득공제'라는 표를 적용합니다. 즉, 근로소득자는 개개인의 사정에 따라서 경비를 공제되는 것이 아니라 세법에서 정하고 있는 표에 따라 일괄적으로 동일한 공제를 받게 됩니다. 근로소득은 일일이 개개인의 상황에 맞춘 공제를 하기 어려우므로 이런 부분을 보완하고자 의료비 공제, 기부금 공제, 신용카드 소득공제, 교육비 공제 등의 제도를 두고 있습니다.

사업소득자의 종합소득세 계산

수입금액에서 필요경비를 제외하고 남은 사업상 순이익인 사업소득금액에서 다시 종합소득공제를 차감합니다. 종합소득공제는 크게 인적공제와 특별공제로 분류됩니다. 인적공제는 부양가족과 관련된 공제입니다. 만 60세 이상의 직계존속, 만 20세 이하의 직계비속 등 부양가족이 있으면 공제해 주는 제도로 형제 간에 중복으로 부모님을 부양가족으로 공제받는 경우가 많으니 주의해야 합니다.

노란우산공제

사업소득자의 경우 금융상품을 통해 특별공제를 받을 수 있는데 그 중 대표적인 것이 노란우산공제입니다. 노란우산공제는 중소기업중앙회라는 기관에서 운용 관리하고 있으며, 이 기금의 목적은 소기업자와 소상공인이 폐업·사망 또는 노령화 등의 공제사유가 발생하였을 때 사업 재기 및 생활안정을 위한 자금을 미리 마련할 수 있도록 지원해 주기 위함입니다. 월별 적립금액은 최소 5만 원에서 최대 100만 원으로 소득공제 혜택은 사업자의 과세표준에 따라서 달라집니다.

구분	과세표준	최대 소득공제 한도	최대 절세 효과
개인·법인사업자	4천만 원 이하	500만 원	330,000원 ~ 825,000원
개인사업자	4천만 원 초과 1억 원 이하	300만 원	495,000원 ~ 1,155,000원
법인사업자	4천만 원 초과 근로소득금액 5,675만 원 이하	300만 원	495,000원 ~ 1,155,000원
개인사업자	1억 원 초과	200만 원	770,000원 ~ 924,000원

노란우산공제에 가입한 금액은 전액 압류로부터 안전하게 보호되고, 2.5%의 연 복

리로 이자를 지급합니다. 지자체별로 희망장려금 제도를 개설하여 노란우산공제를 가입하고자 하는 신규가입자에게 최소 12만 원에서 최대 60만 원의 희망장려금을 지원하고 있습니다. 하지만 이렇게 좋은 제도도 유의해야 할 점이 있습니다.

❶ 1년 이내 해지 시 원금이 보장되지 않습니다.

❷ 소득세 징수: 기존에 소득공제로 혜택을 보았던 부분을 다시 징수할 수 있습니다. 개인 사정에 따라 임의로 해약하는 경우 이 해약환급금을 기타소득으로 보아 소득세를 원천징수합니다. 모두 해지할 때 발생할 수 있는 유의점으로 사업자가 가입하고, 1년 이내 해지할 것이라면 가입하지 않는 것이 낫습니다. 다만, 개인사업자의 폐업에 따른 해약은 불이익은 없습니다. 노란우산공제 외에도 연금저축상품을 통한 종합소득세 절세가 가능합니다.

이렇게 종합소득공제까지 차감하면 과세표준이 나옵니다. 과세표준에 세율을 곱하고 누진공제액을 차감하면 산출세액이 나옵니다. 여기에 각종 받을 수 있는 세액공제감면을 빼면 실제로 납부할 납부세액이 나옵니다. 또한 종합소득세의 10%에 해당하는 금액을 지방소득세로 별도 납부해야 하니 실제로 부담할 세액은 이 구조에서 계산된 납부세액의 110%에 해당합니다.

◆ 신고 유형 및 수입금액의 확정 ◆

5월에 국세청에서 보낸 우편물을 받아보면, 'C 유형 복식부기의무자'와 같은 내용을 확인할 수 있습니다. 먼저 추계신고는 어떤 것인지 기장신고에서 복식부기 대상자, 간편장부대상자의 개념에 관해 간단히 알아보겠습니다.

추계신고

추계신고는 '추정하여 계산한다'는 의미로 정확한 계산 방식으로 세금을 신고하는 것은 아닙니다. 수입금액이 적거나, 규모가 작아서 사업자가 직접 장부를 만들어 세금 신고를 하는 것이 어려운 경우 선택할 수 있도록 만들어진 방법입니다.

국세청에서는 업종별로 발생하는 경비의 평균값을 가지고 있는데요. 이를 '경비율'이라고 부릅니다. 경비율에는 기준경비율과 단순경비율이 있고 그 대상자에 따라서 매출액에 해당하는 비율을 곱한 금액을 소득금액으로 계산합니다. 이런 단순경비율 또는 기준경비율은 사업자가 임의로 선택할 수 없고 전기 및 당기 수입금액을 기준으로 결정됩니다. 그 기준 금액은 다음과 같습니다.

전년 수입금액 기준	기준경비율	단순경비율
농업, 임업 및 어업, 광업, 도·소매업, 부동산매매업, 기타 업종	6,000만 원 이상	6,000만 원 미만
제조업, 숙박·음식점업, 전기·가스·수도 사업, 건설업, 운수업 및 창고업, 정보통신업, 금육 및 보험업, 상품중개업	3,600만 원 이상	3,600만 원 미만
부동산임대업, 부동산업, 전문·과학 및 기술서비스업, 사업소비스업, 교육서비스업, 보건업 및 사회복지서비스업, 예술·스포츠 및 여가 관련 서비스업, 협회 및 단체, 수리 및 기타 개인서비스업, 기사서비스업	2,400만 원 이상	2,400만 원 미만

금년도 신규사업자의 경우, 복식부기 기준 금액을 넘지 않는다면 단순경비율로 적용

일반적으로 기준경비율보다 단순경비율이 높기 때문에 단순경비율이 유리한 것으로 볼 수 있지만, 기준경비율은 매입비용, 인건비, 임대료(임차료)가 제외된 경비율로 지금 말한 경비들을 포함하는 것으로 단순경비율과는 신고하는 방식의 차이가 있습니다.

기장신고

추계신고와 달리 정확하게 장부를 기록하여 종합소득세를 신고하는 기장신고가 있습니다. 이렇게 기록하는 장부는 크게 간편장부와 복식부기 장부로 나뉘는데요. 세법에서는 이 역시 전년도 매출액(수입금액)을 기준으로 기장의무를 나눕니다. 전년도 수입금액이 없는 당해연도 신규사업자라면 간편장부 대상자로 분류됩니다.

전년 수입금액 기준	복식부기	간편장부
농업·임업 및 어업, 광업, 도·소매업, 부동산매매업, 기타 업종	3억 원 이상	3억 원 미만
제조업, 숙박·음식점업, 전기·가스·수도 사업, 건설업, 운수업 및 창고업, 정보통신업, 금융 및 보험업, 상품중개업	1억 5천만 원 이상	1억 5천만 원 미만
부동산임대업, 부동산업, 전문·과학 및 기술서비스업, 사업소비스업, 교육서비스업, 보건업 및 사회복지서비스업, 예술·스포츠 및 여가 관련 서비스업, 협회 및 단체, 수리 및 기타 개인서비스업, 기사서비스업	7,500만 원 이상	7,500만 원 미만

간편장부는 쉽게 말하면, 가계부처럼 수입과 경비만 기록하는 것이고 복식부기장부는 복식회계의 원칙에 따라 손익계산서, 재무상태표 등을 기록하는 것을 말합니다. 복식부기는 회계를 배우지 않은 사람은 작성하기 어려우므로 일정 수입금액 이상인 사업자에게만 복식부기 의무를 부과하고 있습니다. 그러나 해당연도 신규로 사업을 개시한 경우일지라도 의사, 약사, 변호사 등 전문직 사업자는 반드시 복식부기로 장부를 기록해야 합니다. 그렇다면 간편장부대상이어도 복식부기로 신고하거나 반대의 경우도 가능한지 예를 들어보겠습니다.

기장 의무	음식점 기준(전기 수입금액 기준: 2020년 종합소득세 신고 시, 2019년 수입금액)
간편장부대상자	1.5억 원 미만
복식부기대상자	1.5억 원 이상(단, 3억 원 이상은 외부 조정)

만일 회사의 전년도 매출이 2억 원이라면 복식부기대상자에 해당합니다. 그럼 복식부기로 반드시 신고해야 합니다. 만약 간편장부로 신고를 한다면 해당 소득으로 인

한 산출세액의 20%를 무기장 가산세로 납부해야 합니다. 그렇지만 간편장부대상자인 경우임에도 불구하고 더 어려운 복식부기로 신고한다면 경비도 많이 들고 자신의 의무보다 더 노력했으니 기장세액공제의 혜택을 줍니다.

김대리에게 물어보세요

Q 기장세액공제란?

A 간편장부대상자가 종합소득세 확정신고 시 복식부기에 의하여 재무제표 등과 함께 신고하였다면 종합소득산출세액의 20%를 최대 100만 원 한도로 세액에서 공제해주는 제도입니다.

Q 장부를 반드시 기록해서 신고하나요?

A 사업 초기 적자, 즉 결손이 난 경우 이를 세법에서는 이월결손금이라 부르며 향후 10년까지 종합소득세 계산에서 이익과 해당 이월결손금을 상계처리할 수 있습니다. 따라서 사업 초기 적자로 인하여 종합소득세가 나오지 않더라도 비용을 들여 세무사를 찾아가 장부 신고를 맡기는 것이 향후 절세에 도움이 됩니다. 만일 간편장부대상자가 복식부기로 신고하는 경우, 장부 기록 시 산출세액의 20%를 100만 원 한도로 공제합니다. 또한 고정자산에 대하여 감가상각비를 계산하는 경우 경비로 인정받을 수 있습니다.

성실신고대상자

수입금액이 일정 규모 이상인 개인사업자가 종합소득세 신고 시 과세표준 금액의 적정성 등을 세무대리인에게 확인받은 후 신고하는 제도를 성실신고확인제도라고 합니다. 과세 관청이 전국의 모든 사업자의 신고현황을 조사하는 것이 물리적으로 불가능하므로 매출액이 일정 수준 이상에 도달하는 고소득 개인사업자의 탈세 등을 방지하고 성실하게 신고를 유도하기 위해 사전에 세무대리인이 검증하는 제도입니다.

성실신고확인대상으로 선정된 사업자는 세금 신고 전 세무대리인을 선임한 후, 종합소득세 신고서와 성실신고확인서를 제출해야 하는데요. 이 과정이 일반 종합소득세 신고보다 매우 까다롭고 복잡합니다.

업종별	2020년 현재
농업·임업 및 어업, 광업, 도·소매업, 부동산매매업, 기타 업종	해당연도 수입금액 15억 원 이상
제조업, 숙박·음식점업, 전기·가스·수도 사업, 건설업, 운수업 및 창고업, 정보통신업, 금융 및 보험업, 상품중개업	해당연도 수입금액 7.5억 원 이상
부동산임대업, 부동산업, 전문·과학 및 기술서비스업, 사업서비스업, 교육서비스업, 보건업 및 사회복지서비스업, 예술·스포츠 및 여가 관련 서비스업, 협회 및 단체, 수리 및 기타 개인서비스업, 가사서비스업	해당연도 수입금액 5억 원 이상

종합소득세 신고하는 방법

◆ 종합소득세 신고 유형별 신고 방법 ◆

구분	유형	기장의무	추계신고 시
S 유형	성실신고대상자	복식부기의무자	기준경비율
A 유형	외부조정대상자		
B 유형	자기조정대상자		
C 유형	복식부기의무자		
D 유형	간편장부대상자	간편장부대상자	
E 유형	타소득 있는 단순경비율 적용 대상자		단순경비율
F 유형	단순경비율 대상자(납부세액 발생)		
G 유형	단순경비율 대상자(납부세액 발생 안 함)		
I 유형	성실신고사전안내자	복식 or 간편	기준 or 단순
V 유형	주택임대소득 분리과세 대상자	분리과세	

종합소득세 신고를 혼자 할 수는 없을까요? 이런 경우 세무사에 맡기는 것이 더 유리할까요? 보통 이런 고민을 많이 할 텐데요. 여기서 종합소득세 신고 유형별로 유의할 점부터 홈택스를 통하여 신고하는 방법과 세무서에 의뢰하는 방법, 그리고 세무사에게 비용을 주고 의뢰하는 방법을 설명합니다.

❶ 복식부기의무자: S, A, B, C 유형

이 유형에 해당하는 납세자들은 소득이 업종별 일정 금액 이상을 넘어가는 분들입니다. 평균보다 소득이 높은 분들이라고 생각하면 됩니다. 매출/매입에 대한 장부를 의무적으로 만들어야 하므로 매월 세무대리를 맡겨 세금관리를 하는 경우가 많습니다. 대부분 사업자등록을 한 사업자가 많지만, 사업자등록이 없는 프리랜서 중에서도 소득이 7,500만 원을 초과하는 분들이라면 세무사의 도움을 받아 진행하는 것이 절세에 유리합니다.

❷ 기준경비율(간편장부): D 유형

가장 많은 분이 속한 유형이 바로 이 D 유형일 겁니다. 소득기준은 2,400만 원 이상 7,500만 원 미만이며 대부분의 프리랜서가 이 유형에 해당합니다. 세법상 신고의 편의성을 위해 경비율로 추계 신고해도 되지만 '간편장부'를 활용해서 신고하는 것이 대체로 절세에는 유리합니다. 이 경우에도 직접 신고하는 방법도 있지만, 실수하거나 세법적인 오류가 발생할 가능성이 크기 때문에 주의해야 합니다.

❸ 단순경비율: E, F, G 유형

소득이 2,400만 원 미만이라면 단순경비율을 적용받아 세금 신고를 해도 괜찮습니다. 번 돈보다 쓴 돈이 많다면(세법적으로 인정되는 비용인 경우) 환급이 발생할 수 있습니다. 단, E 유형은 근로소득이나 기타소득 등 타 소득이 있는 경우 합산되니 주의해야 합니다.

세무서에 방문하여 신고하는 방법

세무서에 직접 방문하여 신고하면 무료로 신고를 할 수 있지만 앞서 설명한 기장신고를 해주는 것이 아닌 경비율의 방법으로 추계신고를 도와줍니다. 그렇기에 직접 비용을 기장하는 것보다는 세금이 많이 나올 수 있습니다.

홈택스로 직접 신고하는 방법

외부조정대상자가 아닌 경우에는 본인이 직접 종합소득세를 신고할 수는 있으나, 위에서도 언급하였지만 일반적으로는 세무사의 도움을 받아 진행하시는 것을 추천합니다. 특히 복식부기의무자의 경우 복식부기 장부를 작성하는 것 자체가 매우 까다롭습니다. 또한 기준경비율 대상자 일지라도 홈택스에서 스스로 기준경비율로 신고하는 것보다 간편장부를 이용해서 신고하는 것이 절세할 수 있는 가능성이 크기 때문에 본문에서는 단순경비율(E, F, G 유형) 대상자의 홈택스 셀프 신고방법에 대해서 설명하겠습니다.

❶ 홈택스 공인인증서 로그인 > 신고/납부 > 종합소득세로 들어옵니다. 신고 안내 유형이 F, G 유형인 경우는 첫 번째 [단순경비율 추계신고서]를 선택하고, 신고 안내 유형이 E 유형(단순경비율 사업소득 외에 근로소득 등이 있는 경우)이라면 [일반신고서]를 선택합니다.

Ⓐ 신고 안내 F, G 유형인 경우

Ⓑ 사업소득(기준경비율, 간편장부, 복식부기), 근로소득, 금융소득, 기타소득, 연금소득/신고 안내 F, G, O, R 유형이 아닌 경우

Ⓒ 근로소득만 있는 경우, 종교인근로소득자

Ⓓ 총 수입금액 2천만 원 이하 주택임대소득(V 유형만 안내받은 경우)/계약금이 위약금·배상금으로 대체되는 기타소득이 있는 경우

❷ 주민등록번호를 입력하고 [조회]를 눌러주세요. 본인의 정보와 소득이 잘 불러와지는지 확인합니다. [저장 후 다음 이동]으로 넘어갑니다.

Step 1. 세금신고	Step 2. 신고내역	Step 3. 삭제내역

메뉴펼침 **메뉴접기**

◎ 소득세 신고 챗봇 | 신고도움 서비스 | ▓ 미리보기

01. 기본사항(납세자 및 사업장정보)

● 기본정보(납세자 및 사업자) 입력　　　　　　　　　　　　　　　　　　화면도움말

03. 종합소득금액 및 결손금

종합소득세는 왼쪽 메뉴를 순차로 입력하면서 중간 계산을 거쳐 10.세액계산에서 납부(환급)할 총세액이 산출됩니다.
※ 일부 값만 수정한 경우에도 이후 화면을 반드시 경유('등록하기' 또는 '저장후 다음이동' 버튼클릭) 하여 주시기 바랍니다.
※ 소득종류 또는 신고유형를 변경할 경우, '새로작성하기'를 이용하여 주시기 바랍니다.
※ 원활한 시스템 이용을 위하여 반드시 팝업을 허용하여 주시기 바랍니다.

04. 소득공제명세서

◎ 신고인 기본사항　　　　　　　　　　　　　　　　　　새로작성하기 | 신고서불러오기

05. 기부금 및 조정명세서

07. 세액공제.감면.준비

개인단체	◉개인○단체(종중)		개인 또는 단체(종중) 대하여 신고할 경우에 선택합니다.		
귀속년도	2020 ▼	납세자번호	☐ - ●●● 조회	성명	
주소	도로명 주소 : 지번 주소 :				
주소지전화	☐ - ☐ - ☐	사업장전화	☐ - ☐ - ☐	휴대전화	-선택-▼ - ☐ - ☐
전자메일	☐ @ ☐	직접입력 ▼			
내외국인	내국인 ▼	거주구분	거주자 ▼	거주지국	KR 대한민국 조회
신고유형	-선택- ▼	기장의무	-선택- ▼	신고구분	정기(확정) ▼
장애인여부	○ 여 ◉ 부 ※비장애인이 "예"로 선택한 경우 가산세가 부과될 수 있습니다.			분리과세여부	○ 여 ◉ 부

08. 가산세명세서

09. 기납부세액명세서

10. 세액계산

11. 신고서제출

◎ 소득종류 선택(복수선택 가능)

☐ 부동산임대업의 사업소득　☐ 부동산임대업외의 사업소득　☐ 근로소득　　☐ 기타소득
☐ 연금소득　　　　　　　　☐ 이자소득　　　　　　　　☐ 배당소득

◎ 세무대리인

사업자등록번호	- -	성명		전화번호	
대리구분	-선택- ▼	관리번호	조회	조정반 번호	

저장 후 다음이동

TIP. [신고 유형: 단순경비율, 기장의무: 간편장부대상자]가 맞는지 꼭 확인하세요!

F, G 유형은 '부동산임대업외의 사업소득'에 체크 표시가 있고(기타소득 및 연금소득 있을 수 있음), E 유형은 '부동산임대업외의 사업소득'과 '근로소득'에 체크 표시를 확인하세요.

❸ 주업종코드별로 기재가 된 창이 나옵니다. 소득구분 40(사업소득), 신고 유형 단순경비율, 주업종코드를 확인하고 [업종별 총수입금액 및 소득금액 계산] 버튼을 눌러 총수입금액이 잘 입력되어 있는지 확인하세요. 이때 업종코드별로 단순경비율은 정해져 있고 총수입금액에 따라 필요경비가 자동으로 계산되어 소득금액이 결정됩니다. 확인 후 [저장 후 다음]으로 이동합니다.

❹ 사업소득에 대한 원천징수 및 납세조합징수 세액을 입력합니다. [사업소득 원천
징수내역 불러오기]를 클릭하여 원천징수된 내역을 불러오세요.

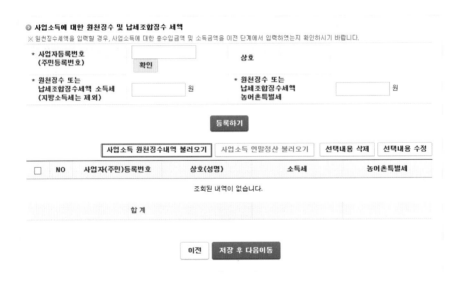

❺ (E 유형만 해당) E 유형이라면 사업소득 외에도 신고할 다른 소득이 있습니다. 연말정산 된 근로소득이 있다면 그 내용이 조회됩니다. 내용 확인 후 [선택 완료] 버튼을 누르고 위 내용대로 적용하기로 넘어갑니다. 화면 하단에 적용된 소득의 내용이 등재됩니다.

근로,연금,기타소득 불러오기 ⊗

· 아래 화면에서 제공되는 정보는 자료제출처에서 제공한 내용으로 작성되어 있어 본인 확인이 필요합니다.
  실제 소득내용 대로 성실하게 신고하여 주시기 바랍니다.
· 근로, 연금, 기타소득 불러오기 버튼은 각각 눌러 주시기 바랍니다.

근로소득 불러오기 연금소득 불러오기 기타(종교인)소득 불러오기

· 근로소득

※ 주(현)근무지에서 종(전)근무지를 포함해 연말정산한 경우에는 총급여액이 합산되어 결정세액이 계산되어 있으므로
  종(전)근무지를 추가로 선택하면 총급여액, 결정세액(기납부세액)이 중복으로 입력될 수 있습니다. 반드시 중복 입력여부를
  확인해 주시기 바랍니다.

선택	구분	근무자 사업자번호	상호	총급여액	결정세액
☐	주(현)				

선택완료

선택내용 삭제

	소득구분	사업자등록번호	상호	총수입금액 (총급여액·총연금액)	소득세 (결정세액)
☐					

위 내용대로 적용하기 **직접 입력하기**

● 근로 · 기타(종교인) · 연금소득 명세서   화면도움말

※ 종교인소득을 근로소득으로 신고하는 경우 소득구분 코드는 58, 기타소득으로 신고하는 경우 소득구분 코드는 67입니다.
※ 공적 연금소득은 5개 사업자등록번호(219-82-01593 국민연금공단, 106-83-03929 국군재정관리단, 220-82-00935 공무원연금공단,
110-82-05569 별정우체국연금관리단, 116-82-01445 사립학교교직원연금공단) 중 하나는 필히 입력되어야 합니다.

근로/연금/기타(종교인)소득 불러오기

소득구분	-전체- ▼		
소득의지급자	사업자등록번호 (주민등록번호)	[ ] 확인	상호(성명)
⑤총수입금액 (총급여액 · 총연금액)	[ ]		⑥필요경비 (근로소득공제 · 연금소득공제) 도움말 [ ]
소득금액(⑤ - ⑥)	[ ]		
원천징수 소득세 (지방소득세는 제외)	[ ]		원천징수 농어촌특별세 [ ]

등록하기

선택내용 수정   선택내용 삭제

☐	소득구분	소득의 지급자		⑤총수입금액 (총급여액·총연금액)	⑥필요경비 (근로소득공제· 연금소득공제)	소득금액 (⑤ - ⑥)
		사업자등록번호 (주민등록번호)	상호 (성명)			
☐	51					

이전   저장 후 다음이동

❻ 부동산임대업외의 사업소득금액과 근로소득금액이 모두 확인 가능합니다. F, G 유형이라면 사업소득금액란에만 기재가 되어 있습니다. 저장 후 다음으로 이동하세요.

⊙ **종합소득금액 및 결손금 · 이월결손금공제명세서** ［동영상(결손금 명세서)］

10. 세액계산 단계까지 진행 후 다시 본 화면에서 [저장후 다음이동]을 클릭하게 되면 종합소득금액이 다시 갱신될에 따라 산출세액이 기본세율을 적용받아 계산되게 됩니다.(산출세액도 갱신됨)
　　금융소득이 있는 경우 06. 종합소득산출세액계산서(금융소득자용)을 통해 계산된 종합소득산출세액이 세액계산에 적용되어야 하니
　　04. 소득공제명세서부터 10. 세액계산까지 모든 화면을 차례로 경유해서 [저장후 다음이동]을 클릭해 주시기 바랍니다.

⊙ **결손금 · 이월결손금공제명세서**

［도움말］

| 구분 | 1. 소득별 소득금액 | 2. 부동산임대업 외의 사업소득 (주택임대업포함) 결손금공제금액 | 이월결손금 공제금액 | | 5. 결손금·이월 결손금공제 후 소득금액 (1-2-3-4) |
			3. 부동산임대업 외의 사업소득 (주택임대업포함) 이월결손금 공제금액	4. 부동산임대업 의 사업소득 (주택임대업제외) 이월결손금 공제금액	
이자소득금액	0				0
배당소득금액	0				0
출자공동사업자의 배당소득금액	0	0	0		0
부동산임대업 의 사업소득금액 (주택임대업제외)	0				0
부동산임대업 외의 사업소득금액 (주택임대업포함)					
근로소득금액					
연금소득금액	0				0
기타소득금액	0				0
합계 (종합소득금액)		0	0	0	

※ 이월결손금 공제금액이 있는 경우에는 아래 [이월결손금 명세서]를 입력하세요.

❼ 소득공제명세서를 작성합니다. 등록할 부양가족이 있는 경우, 가족의 인적사항을 입력하세요. 그 외의 기본적인 정보는 홈택스 상에서 자동으로 조회가 됩니다.

◉ 소득공제명세서   동영상(소득공제명세서)   화면도움말

◉ 소득공제(소득세법)   도움말

| > 기본공제자 | 근로소득(연말정산) 불러오기 | 종교인소득(연말정산) 불러오기 | 사업소득(연말정산) 불러오기 |

주민등록번호   [   ] - [   ]   확인   성명   내국인   내국인 ▾

기본공제   ● 해당자 ○ 미해당자   관계   소득자 본인   ▾

인적공제항목   □ 70세 이상 □ 부녀자 □ 한부모가족 □ 장애인

※ 2016년귀속 부터는 부양가족 중 기본공제 대상자가 아니더라도 당해 화면에서
기본공제에 미해당자로 체크하여 등록하면 05. 기부금 몇 조정명세서 화면에서 기부금 공제를 받을 수 있습니다.

등록하기

> 기본공제자 명세

※ 인적공제대상자 명세는 보고서 출력시 최대 8개까지만 표시됩니다.   전년도 인적공제 불러오기   선택내용 수정   선택내용 삭제

□	NO	주민등록번호	성명	관계	기본공제	70세이상	장애인	부녀자	한
□	1	******	****	소득자 본인	Y	N	N	N	

< ─────────────────────── >

> 인적공제

구분	금액	구분	금액
1. 본인	1,500,000	5. 장애인 0명	0
2. 배우자	0	6. 부녀자	0
3. 부양가족 0명	0	7. 한부모가족	0
4. 70세 이상인 자 0명	0	8. 인적공제 계	1,500,000

❽ 기부금이 있다면 입력합니다.

◉ **기부금 명세서**　　　　　　　　　　　　[동영상(기부금 명세서)]　[화면도움말]　[도움말]

※ 원천징수의무자(회사)에서 제출한 근로소득분의 기부금명세서를 불러오기 하려면 "기부금(당해 및 이월)내역 조회하기" 버튼을 클릭하세요.
　(이전 단계에서 근로소득 불러오기를 했어도 기부금명세서는 별도의 서식으로써 자동 조회되지 않습니다.)

※ 연말정산시 반영하지 않은 기부금은 조회되지 않으므로 연말정산 간소화서비스에서 확인 후 추가입력 해야 합니다.

◉ **기부금 입력대상**　　　　　　　　　　　　　　　　　　　[선택내용 입력/수정]

☐	공제구분		주민(사업자)등록번호	상호	소득구분	신고유형	주업종코드
	세액(소득)	필요경비					
☑	☑	☐	-*******	***			

※ 해당 주민등록번호 또는 사업장을 선택하고, " 선택내용 입력/수정 " 버튼을 클릭후 기부금 명세를 입력하세요.

주민등록번호	-*******	성명	김****

항목	입력	항목	입력
* 유형코드	-전체- ▼		
기부내용			
* 기부자 주민등록번호	선택 ▼	기부자 성명	기부자 관계
기부처 사업자등록번호	☐-☐-☐ [확인]	기부처 상호	
* 기부내역 건수		기부내역 합계금액	
* 공제대상 기부금액		기부장려금 신청금액	
기타 기부금			

[등록하기]

---

❾ 특별한 이슈가 없다면 세액공제, 감면, 준비금 및 가산세 명세서까지 [저장 후 다음이동]을 눌러주고, 기납부세액을 확인합니다. ❹에서 입력한 원천징수세액이 기납부세액입니다.

01. 기본사항(납세자 및 사업장정보)
02. 소득금액명세서 ∨
03. 종합소득금액 및 결손금 ∨
05. 소득공제명세서
06. 기부금 및 조정명세서
07. 종합소득 산출세액계산서 ∨
08. 세액공제.감면.준비금 ∧
─ 세액감면(면제)신청서
⊕ 세액공제신청서
─ 세액감면.공제.준비금 명세서 ▼
09. 가산세명세서
10. 기납부세액명세서
11. 세액계산
12. 신고서제출

◉ 기납부세액명세서   동영상(기납부세액 명세서) 화면도움말

- 기납부세액명세서를 입력하는 단계입니다.
- 원천징수세액 및 납세조합징수세액의 근로소득(⑧)에 대한 소득세는 근로소득원천징수영수증 상의 차감 징수세액을 입력하는 것이 아니며 결정세액을 입력해야 합니다.
- 원천징수세액은 이 화면에서 입력하는 것이 아니며, 2-가-5. 사업소득 원천징수명세서, 2-나. 근로 · 기타 · 연금소득명세서, 2-다. 금융소득(이자 · 배당소득) 메뉴의 원천징수소득세, 농어촌특별세 항목에 입력해야 합니다.

◉ 기납부세액명세

구분	소득세	농어촌특별세
중간예납세액	0	
토지등 매매차익 예정신고납부세액	0	
토지등 매매차익 예정고지세액	0	
수시부과세액	0	0

◉ 원천징수세액 및 납세조합징수세액

구분	소득세	농어촌특별세
이자소득	0	
배당소득	0	
사업소득	▨▨▨▨	0
근로소득	0	0
연금소득	0	
기타소득	0	
합계	▨▨▨▨	0

이전   저장 후 다음이동

❿ 세액 계산결과가 나옵니다. 결정세액보다 기납부세액이 크다면 33)의 숫자는 음수(-)로 기재되며 해당 금액이 환급세액입니다. 결정세액이 기납부세액보다 적다면 33)의 숫자는 양수(+)이며 추가로 납부해야 할 세액이 표기됩니다.

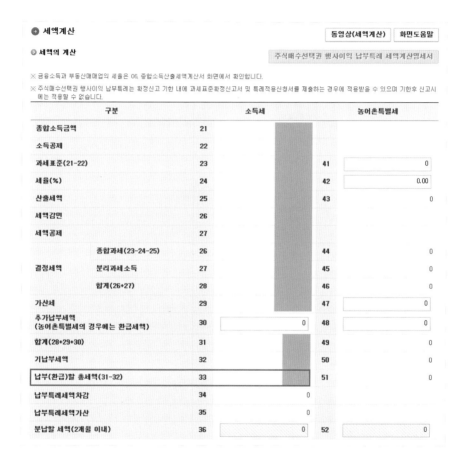

<table>
<tr><td colspan="2">● 세액계산</td><td></td><td>동영상(세액계산)</td><td>화면도움말</td></tr>
</table>

◎ 세액의 계산 — 주식매수선택권 행사이익 납부특례 세액계산명세서

※ 금융소득과 부동산매매업의 세율은 06. 종합소득산출세액계산서 화면에서 확인합니다.
※ 주식매수선택권 행사이익의 납부특례는 확정신고 기한 내에 과세표준확정신고서 및 특례적용신청서를 제출하는 경우에 적용받을 수 있으며 기한후 신고시에는 적용할 수 없습니다.

구분			소득세		농어촌특별세
종합소득금액		21			
소득공제		22			
과세표준(21-22)		23		41	0
세율(%)		24		42	0.00
산출세액		25		43	0
세액감면		26			
세액공제		27			
결정세액	종합과세(23-24-25)	26		44	0
	분리과세소득	27		45	0
	합계(26+27)	28		46	0
가산세		29		47	0
추가납부세액 (농어촌특별세의 경우에는 환급세액)		30	0	48	0
합계(28+29+30)		31		49	0
기납부세액		32		50	0
납부(환급)할 총세액(31-32)		33		51	0
납부특례세액차감		34	0		
납부특례세액가산		35	0		
분납할 세액(2개월 이내)		36	0	52	0

❶ 최종 세액 확인 후 [이에 동의하며 신고서를 제출합니다.]에 꼭 체크하고 [신고서 작성완료] 후 제출까지 완료합니다.

전화(ARS)로 직접 신고하는 방법 (F, G 유형)

5월 초, 납세자들은 국세청으로부터 종합소득세 확정신고 안내문을 우편을 받습니다. 이때 단순경비율 대상자들의 우편물에는 단순경비율로 계산된 소득금액 및 세액과 ARS 개별 인증번호가 기재되어 있습니다. 추가적인 내용 반영 없이 우편물의 내용대로 신고를 완료하는 경우는 우편물에 있는 ARS 전화번호를 통해 전화 한 통으로 간편하게 종합소득세 신고를 할 수 있습니다.

❶ 1544-9944 로 전화하여 2번 종합소득세 신고를 선택

❷ 개별 인증번호 8자리 + #

❸ 주민등록번호 뒷자리 (7자리) + #

❹ 납부할 세액이 있다면 납부할 가상계좌 확인

❺ 환급받을 세액이 있다면 환급계좌번호 입력

❻ 신고 완료

세무사(세무대리인)에게 의뢰하는 방법

세무사에게 의뢰하는 방법은 간단하고 추계신고보다 세금을 줄일 수 있는 것이 것이 장점입니다. 그렇지만, 비용이 발생하는 것이 단점이겠죠. 간편장부대상자이더라도 복식부기 신고를 의뢰하여 기장세액공제를 받으면 세무대리인에게 맡기는 것이 절세 측면으로 유리한 경우도 많으니 추천합니다.

◆ 종합소득세 절세 꿀팁 ◆

신고기한 엄수(가산세 안 내기)

신고기일을 넘기게 되면, 무신고로 인해서 본인이 내야 할 세금의 20% 가산세가 붙고, 미납한 날짜에 따라 하루 0.25%의 이자가 붙습니다. 예를 들어 1억 원의 세금을 내야 하는데 신고를 안 했다면 2천만 원의 무신고가산세, 1년 뒤라면 1천만 원의 납부불성실가산세가 붙습니다. 혹시 자료가 부실해도 일단은 신고하고 추후 보완하는 것이 가산세가 훨씬 적다는 것을 기억하세요.

경조사비 챙기기

사업을 하다 보면 결혼식, 장례식, 돌잔치를 챙기게 되는 경우가 많습니다. 3만 원 초과 시 법정증빙이 있어야 하지만, 경조사비는 접대성 지출비용으로 대부분 현금으로 경조사비를 지출하기 때문에 현금영수증이나 카드영수증과 같은 적격증빙을 받기 어렵습니다. 그러나 경조사비는 청첩장 또는 부고 한 장당 최대 20만 원까지는 법정증빙 없이도 비용으로 처리 가능합니다. 그래서 청첩장이나 장례식, 돌잔치 문자 또한 잘 챙기면 증빙으로 인정받을 수 있습니다. 다만, 기본 중소기업 한도가 3,600만 원이며, 매출액에 따라 일정 한도가 늘어납니다.

인건비 지출액 빈틈없이 신고하자

직원을 고용했는데, 해당 기간 원천세 신고를 안 하는 경우가 있습니다. 프리랜서 역시 인건비를 지출하고 신고하지 않은 경우가 많은데 이럴 경우 비용으로 인정받기 어렵습니다. 만일 이 부분을 추후 인정받으려면, 가산세를 내고 다시 원천세 신고 및 지급명세서를 제출해야 하니 해가 바뀌기 전에 미리 인건비 신고를 챙겨주세요.

감가상각비 챙기기(비품, 차량)

감가상각이란 업무와 관련해서 오래 사용하는 인테리어, 컴퓨터 등의 비품을 한꺼번에 비용 처리하는 것이 아니라 일정 기간에 나누어서 비용 처리하는 것을 말합니다. 그래서 사업 기간 중 구입한 감가상각자산에 대해서 빠짐없이 비용 처리하는 것이 중요합니다. 사업자 등록 이전에 소유한 차량은 중고차 시세, 보험회사의 자차보험료 갱신 시 평가하는 차량가액을 보고 적절하게 반영하여 감가상각을 할 수 있습니다.

세액공제 및 감면

대표적인 공제 또는 감면은 중소기업특별세액감면으로, 업종 및 지역에 따라 세액의 10~20%까지 감면이 가능합니다. 다만, 업종제한이 있으니 본인 업종에 해당 감면이 해당하는지를 잘 찾아야 합니다. 최근에는 고용 증대 세액공제 및 사회보험료

세액공제와 같이 고용 증대에 기여한 사업주에 대해 연간 400~1,200만 원의 세액을 공제해 주는 제도들이 있습니다.

전년 대비 상시근로자 수가 증가하면 청년의 경우 최대 인당 1,100만 원(수도권 기준)까지 공제가 가능합니다. 중소기업의 경우 3년간이나 1,100만 원씩 공제해 주는 혜택을 받을 수 있습니다. 또한, 이렇게 고용된 취업자들의 사회보험료까지도 공제됩니다. 청년의 경우 100%까지, 이외 상시근로자의 경우에는 50%까지 공제가 되니 꼭 챙겨야 할 제도입니다. 다만, 고용이 전년과 동일하게 유지되어야 하는 요건이 있으니 상세히 검토하여야 추후 세액공제액을 다시 납부하는 일이 없을 것입니다. 이런 세액공제의 경우, 세액공제를 해당연도에 최대 5년간 이월이 가능하니 놓치지 않기를 바랍니다.

구분	중소기업		중견기업	대기업
	수도권	지방		
청년, 장애인, 60세 이상, 국가유공자 등	1,100만 원	1,200만 원	800만 원	400만 원
기타 상시근로자	700만 원	770만 원	450만 원	

공제 금액: 전년대비 상시근로자 수 증가 시 1인당

보조금 합산(일자리안정자금 등)

보조금을 수입에 합산하여 신고하는 것은 사실 절세 꿀팁이 아니라 종합소득세를 더 내는 이야기입니다. 만일에 신고할 때, 각종 일자리안정자금 같은 노무지원금이나 특히 2020년 코로나 지원금을 함께 합산하여 신고하지 않으면 추후에 세무서에서 수정신고 안내가 올 수 있습니다. 그때 수정하여 신고·납부하게 되면, 가산세가 부과될 수 있으니 유의하시기 바랍니다.

기장세액공제

간편장부 대상자라면 복식부기로 신고하면 최대 100만 원 한도로 세액공제를 받을 수 있습니다. 상대적으로 수입금액이 적은 사업자에게는 장부기장 의무를 완화해 신고하게 하고 있는데, 이러한 간편장부 대상자가 복식부기로 신고하여 기장세액공제를 받을 수 있습니다.

손실도 재산, 이월결손금

사업을 하다 보면 이익을 내는 게 목적이지만, 손해를 볼 수도 있습니다. "손해를 본 경우에는 낼 세금이 없기 때문에 신고 안 해도 되는 거 아닌가요?"라고 묻는 분이 많습니다. 그렇지만, 반은 맞고 반은 틀립니다. 사업이라는 게 올해는 손실이 나서 세금을 안 낼 수 있지만, 나중에 잘 되어서 이익이 많이 날 수도 있습니다. 이런 경우, 올해 손실 본 만큼 내년에 난 이익에서 차감할 수 있는데, 이를 '이월결손금'이라고 부르고 이월결손금은 최대 10년까지 사용 가능합니다. 그러므로 혹시 손실이 났더라도 신고를 귀찮아하지 말고 반드시 손실 신고를 하여 내년 이후의 세금도 대비하길 바랍니다.

Tip.

최근 들어 '나라에 떼인 내 돈 3.3%를 돌려받자'는 광고가 많습니다. 여기서 이야기하는 3.3%는 프리랜서 사업소득자들이 연중에 용역에 대한 대가를 지급받을 때 미리 원천징수 되었던 사업소득세 및 지방소득세를 말하는데요. 지금까지 살펴본 종합소득세 계산구조 상 환급을 받는다는 것은 실제 내가 냈어야 하는 세금보다 더 많은 세금을 냈을 때 발생하는 일입니다. 결국 신고 유형 중에 G 유형(간혹 E 유형이나 F 유형도 가능) 정도만 환급 대상에 해당하게 됩니다. 따라서 전액환급된다는 광고가 모두에게 해당되지 않는다는 점을 알아두시기 바랍니다.

8

4대보험

국민연금, 건강보험, 고용보험, 산재보험으로 이루어진 4대보험은 국민에게 발생한 사회적 위험을 대처함으로써 국민의 건강과 소득을 보장하는 제도입니다. 중요한 제도이긴 하나 실무자를 괴롭히는 업무 중 하나입니다.

◆ 4대보험 적용 ◆

구분	국민연금			건강보험			고용보험 / 산재보험	
가입대상	국민연금적용사업장에 종사하는 18세 이상 60세 미만의 근로자와 사용자			상시 1인 이상의 근로자를 사용하는 사업장에 고용된 근로자(연령제한 없음)와 사용자			「근로기준법」에 따른 근로자	
신고기한	사유발생일이 속하는 달의 다음달 15일까지			자격취득일로부터 14일 이내			사유발생일이 속하는 달의 다음 15일까지	
보험료율 (2021년도 기준)	전체	근로자	사용자	전체	근로자	사용자	근로자	사용자
	9.0%	4.5%	4.5%	6.86%	3.43%	3.43%	0.8%	업종별 상이
				건강보험료×11.52% =장기요양보험료			-	업종별 상이
정산	없음			근로자는 3/10, 개인사업자는 5월 종합소득세 신고 후 보수총액신고 진행하여 차액 정산			퇴직정산, 연말정산	
상한액/ 하한액(2021년 7월 1일~2022년 6월 30일 기준)	상한액: 월 보험료 471,600원/ 월 보수월액 5,240,000원 하한액: 월 보험료 29,700원/ 월 보수월액 330,000원			상한액: 월 보험료 7,047,900원/월 보수월액 102,739,068원 하한액: 월 보험료 19,140원/ 월 보수월액 279,300원				

일반 회사 기준(공무원, 교직원 제외)

근로자를 고용하는 경우 사업장가입자의 요건이 되는 경우 4대보험에 의무적으로 가입해야 합니다. 흔히 아르바이트와 같은 단기근로의 경우 4대보험 가입 의무가 없다고 생각하는데요. 단기근로라도 가입기준에 충족하면 4대보험에 가입해야 합니다.

◆ 근로자별 4대보험 가입기준 ◆

단시간 근로자

고용 기간이 1개월 이상이고 근로시간이 월 60시간 이상인 경우

일용직 근로자

1개월 이상 근무하고 월 8일 이상 또는 월 60시간 이상 근무하는 경우

건설 일용직 근로자

1개월 이상 근무하고 월 8일 이상 근무하는 경우

따라서 아르바이트라고 해서 4대보험을 가입하지 않았다가 훗날 소급하여 부과되는 보험료와 과태료의 대상이 되지 않도록 주의해야 합니다. 근로자의 고용으로 인한 4대보험 취득 시 한 가지 유의할 점은 대표 또한 4대보험을 함께 취득해야 합니다. 4대보험은 근로자와 사업자의 모두를 위한 제도이기 때문입니다. 회사는 최초로 사업장 가입과 함께 사업장가입자자격취득신고를 할 때 신고하는 근로자 중 가장 급여가 높은 자의 금액에 맞추어 취득신고를 해야 합니다. 만약 법인의 무보수 대표이사로 4대보험에 가입하지 않는다면, '무보수대표확인서'와 대표의 보수에 대해 기재되어 있는 정관을 함께 제출하면 됩니다. 이 경우 지역가입자로 유지됩니다.

Q 사업자등록을 했으나 고용하는 근로자가 없는 1인 대표 개인사업자라면 어떻게 하나요?

A 지역가입자로 가입해야 합니다. 지역가입자는 지역 세대의 가입자가 보유한 부과요소인 소득, 재산(자동차) 등을 합산한 부과점수에 점수당 금액을 곱하여 산정하게 되는데요. 지역가입자의 보험료는 직장가입자의 보험료처럼 세무대리인이나 직원이 바로 계산하는 것은 불가능합니다. 정확한 보험료와 부과기준이 궁금하다면 국민보험공단으로 직접 확인하는 것이 좋습니다.

Q 근로자의 입·퇴사 시 4대보험료 공제는 어떻게 되나요?

A

월 중 or 1일 이후	국민연금	건강보험	고용보험
입사	다음 달부터 공제		입사 월부터 공제
퇴사	퇴사 월까지 공제	퇴사 월까지 공제 (퇴사정산)	퇴직정산

◆ 4대보험 관리하기 ◆

국민연금EDI와 고용·산재보험 토탈사이트 홈페이지는 별도의 회원가입이 필요 없습니다. 사업자 명의의 공인인증서만 있으면 로그인이 가능합니다. 건강보험EDI 홈페이지는 사업장으로 회원가입이 필요합니다. 세무대리인의 경우 세무대리인으로 가입한 후 업무 대행을 신청하여 관리업체로 등록해야 합니다.

홈페이지명	홈페이지 주소	주요 업무
4대사회보험 정보연계센터	www.4insure.or.kr	취득·탈퇴·변경 신고 보험료 납입 4대보험가입자명부 증명서 발급 가입내역서 증명서 발급
국민연금EDI	www.4insure.or.kr	취득·탈퇴·변경 신고 사업장 탈퇴·변경 신고 국민연금 증명서 발급 소득총액 신고
건강보험EDI	edi.nhis.or.kr	국민건강보험 자격취득·상실 신고 피부양자자격신고 일자리안정자금 신청 보수월액변경신청
고용·산재보험 토탈서비스	total.kcomwel.or.kr	개인별 부과고지보험료 조회 정산보험료예상금액 조회 보험가입 증명원 보험료 완납 증명원

◆ 상황별 4대보험 신고 업무 ◆

일반적인 민원신고는 '건강보험EDI' 사이트에서 일괄 신청 및 처리가 가능합니다.

상황	민원신고명
❶ 사업장 신규 설립 후 최초로 가입하고자 하는 경우	사업장 성립 신고
❷ 사업장 폐업 시 4대보험 해지하고 하는 경우	사업장 탈퇴 신고
❸ 가입된 사업장의 가입내역을 변경하고자 하는 경우	사업장 내역변경 신고
❹ 근로자 고용 시 4대보험에 신규, 재가입 하는 경우	자격취득 신고
❺ 고용되어 있는 근로자가 퇴직하는 경우	자격상실 신고
❻ 근로자의 가입내역을 변경하고자 하는 경우	사업장가입자 내역변경 신고
❼ 건강보험 가입자의 가족을 취득, 상실 하는 경우	건강보험 피부양자 취득/상실 신고
❽ 보수월액 변경된 경우	보수월액 변경신청
❾ 퇴직근로자의 이직확인서 접수하는 경우	고용보험 피보험자 이직확인서
❿ 보험료 자동이체를 하고자 하는 경우	자동이체 신청

❶~❻ 건강보험EDI, 국민연금EDI, 고용·산재보험 토탈서비스에서 각각 처리가 가능하지만, 건강보험EDI 사이트에서 한 번에 국민연금, 고용·산재보험을 함께 신청할 수 있습니다. 원하는 보험을 체크하여 신청하면 됩니다.

❼, ❿ 건강보험EDI

❽ 공단별 사이트에서 각각 변경 신청

❾ 고용·산재보험 토탈서비스에서 제출 가능

'건강보험EDI'(edi.nhis.or.kr) 회원가입 및 공인인증서 등록하기

❶ 홈페이지 첫 화면에서 [사업장 회원가입]을 누른 다음 사업자 [가입신청]을 선택
합니다.

❷ 약관동의 후 필수 기재사항들을 입력 후 [확인]을 눌러주세요.

❸ 다시 첫 화면으로 돌아와 [공인인증서 등록]에서 사업자의 공인인증서를 등록한
후 공인인증서로 로그인하면 됩니다.

'4대사회보험 정보연계센터'(www.4insure.or.kr)에서 4대보험료 모의 계산

4대보험료를 예측해야 하는 경우 4대사회보험 정보연계센터에서 계산할 수 있습니다.

◆ 4대보험 궁금증 ◆

휴직자도 4대보험료를 납부해야 하나요?

❶ 건강보험: 휴직 사유가 끝날 때까지 휴직 사유가 발생한 날부터 14일 이내에 보험료 납입고지 유예 신청서를 공단에 제출하여 납입고지를 유예할 수 있습니다.

❷ 국민연금: 사유가 발생한 날이 속하는 달의 다음 달 15일까지 공단에 연금보험료 납부예외신청을 하면 그 사유가 계속되는 기간에는 연금보험료를 내지 않아도 됩니다.

❸ 고용·산재보험: 사유 발생일로부터 14일 이내에 근로자 휴직 등 신고서를 공단에 제출하면 보험료가 부과되지 않습니다.

해외에 나가 있는 경우 보험료 납부를 일시 정지할 수 있나요?

국내에 소득이 있다면 단지 해외 체류 등의 이유로 보험료 납부를 일시 정지하거나 면제될 수는 없습니다. 해외장기체류자로서 귀국 예정이 없는 자라 하더라도 해외 이주를 신고하지 않은 자는 국민연금 가입대상입니다. 또한 해외에 있어도 자동 이체와 인터넷 납부 등 고지서 없이도 편리하게 납부하는 방법이 있습니다.

다만, 국내에 소득원이 없는 경우에는 해외 체류 기간 동안 납부예외 신청이 가능합니다. 납부예외 신청은 가까운 지사를 방문하시거나 우편, 팩스 등으로 가능합니다.

일반적으로 유학 및 어학연수를 이유로 해외에 나가 있으며 국내에서 발생하는 소득이 없는 경우에는 연금보험료 납부예외 신청이 가능하고, 국적상실이나 국외 이주 시에는 국민연금 가입자 자격이 상실되며 납부한 연금보험료를 일시금으로 받을 수 있습니다.

참고로, 국민연금은 가입 기간과 가입 중의 기준소득월액을 반영하여 연금액이 결정되기 때문에 소득이 없더라도 납부예외 신청을 하시는 것보다 적은 금액이라도 연금보험료를 납부하는 게 유리합니다. 납부예외는 본인이 폐업해도 자동으로 처리되는 것이 아니고 반드시 본인의 신청에 따라 처리되니 유의합니다.

외국인 근로자 채용 시 국민연금에 의무적으로 가입해야 하나요?

외국인을 근로자로 채용한 경우에도 우리나라 근로자와 마찬가지로 국민연금에 가입하여야 합니다. 다만, 아래의 경우에는 가입하지 않아도 됩니다.

❶ 해당 외국인 근로자의 본국법이 국민연금법에 의한 '국민연금에 상응하는 연금'에 관하여 대한민국 국민에게 적용되지 않는 경우

❷ 체류 연장허가를 받지 않고 체류하는 외국인

❸ 외국인등록을 하지 않거나 강제퇴거 명령서가 발부된 외국인

❹ 체류자격이 문화예술(D-1), 유학(D-2), 기술연수(D-3), 일반연수(D-4), 종교(D-6), 방문동거(F-1), 동반(F-3), 기타(G-1), 인 외국인

❺ 다른 법령 또는 조약에서 국민연금법 적용을 받지 않는 외국인

4대보험 업무 중 자주 사용하는 서류는 무엇이 있나요?

❶ 건강보험 자격득실확인서: 건강보험의 가입취득일을 확인할 수 있고, 현재 지역가입자인지 직장가입자인지를 확인할 수 있습니다.

❷ 보험료 완납증명서, 납부확인서: 4대보험료를 완납하였는지, 또는 언제 납부를 확인할 수 있는 증명서도 건강보험 등 4대보험 공단 EDI에서 출력이 가능합니다.

◆ 우리 회사의 4대보험공단 담당자 찾기 ◆

업무를 하다 보면 4대보험공단에 전화하거나 팩스를 보낼 일이 종종 발생합니다.
그럴 때 공단 대표번호로 전화를 하게 되면 연결이 매우 어렵습니다. 그래서 빠르게
담당자를 찾는 팁을 소개합니다. 관할지사 담당자 연락처는 아래와 같이 검색하여
연락하도록 합시다.

❶ 4대사회보험 정보연계센터(www.4insure.or.kr)에서 오른쪽 하단 [4대사회보험 기
관지사찾기]를 클릭합니다.

❷ 우리 회사의 시/도와 군/구를 입력하고 검색하면 아래에 국민연금공단, 국민건강보험공단, 근로복지공단의 주소지와 대표번호가 조회됩니다. 상세보기를 누르면 각각의 공단으로 연결됩니다.

❸ 국민연금공단 > 담당업무 및 연락처 탭 클릭

❹ 국민건강보험공단 > 해당지사 클릭

❺ 근로복지공단 > 담당자 검색 가능

9

지원 사업

두루누리 지원제도

소규모 사업을 운영하는 사업주와 소속 근로자의 사회보험료 중 고용보험과 국민연금의 일부를 국가에서 지원함으로써 사회보험 가입에 따른 부담을 덜어주는 제도입니다. 사업장이 최초로 4대보험에 가입할 때 신청할 수도 있고, 이후 별도로 두루누리 지원만 따로 신청할 수도 있습니다.

◆ 지원 대상 ◆

2018년 1월 1일부터 신규지원자 및 기지원자 지원을 합산하여 36개월까지만 지원 (기지원자의 경우 2020년 12월 31일까지만 지원. 2021년부터 지원 중단)

❶ 사업장 요건: 상시근로자 수가 10명 미만인 사업장

❷ 근로자 요건: 월평균보수가 220만 원 미만인 근로자

> TIP. 월평균보수 220만 원 미만
> - 월평균보수: 월별보험료의 산정 기초자료
> - 220만 원 미만: 근로소득에서 비과세 근로소득을 제외하고 산정한 월평균보수가 220만 원이 되지 않을 것

지원 제외 대상(근로자 기준)

❶ 지원신청일이 속한 보험연도의 전년도 재산의 과세표준액 합계가 6억 원 이상인 자

❷ 지원신청일이 속한 보험연도의 전년도 근로소득이 연 2,838만 원 이상인 자

❸ 지원신청일이 속한 보험연도의 전년도 근로소득을 제외한 종합소득이 연 2,100만 원 이상인 자

지원 기준 및 지원율

사업장 근로자 수	10명 미만
신규지원자	80%
기지원자	삭제됨

❶ 신규지원자는 2018.1.1. 이후 취득자로서 지원신청일 직전 1년간 국민연금, 고용보험 가입이력이 없는 자

❷ 국민연금과 고용보험의 지원율이 다르게 적용(예: 근로자가 1년 이내에 일용직으로 고용보험만 가입했던 이력이 있는 경우)

❸ 지원율은 최초 보험료 1회 완납 이후, 그다음 달부터 지원율이 결정되어 적용

지원 방법

두루누리 사회보험료 지원을 신청하면 사업주가 월별보험료를 법정기한 내에 완납한 경우 그다음 달 보험료에서 보험료 지원금을 뺀 나머지 금액을 고지하는 방법으로 지원합니다. 다만, 그다음 달에 부과될 보험료가 없는 경우에는 해당 월의 지원금은 지원하지 않습니다. 주의할 점은 완납을 요건으로 하므로 보험료 납부일을 잊거나 자동출금일(10일)에 잔고부족으로 인하여 100원이라도 미납되면, 다음 달 두루누리 지원은 적용되지 않으므로 계좌 잔고를 꼭 확인합니다.

신청 방법

❶ 최초 사업장 가입 시 사업장가입시 서식에서 '연금(고용)보험료 지원 신청'의 국민연금과 고용보험란에 각각 체크 표시합니다.

* 국민연금법 시행규칙 [별지 제3호서식]
* 고용보험 및 산업재해보상보험의 보험료징수 등에 관한 법률 시행규칙 [별지 제2호서식]

국민연금 [ ] 당연적용사업장 해당신고서
건강보험 [ ] 사업장(기관) 적용신고서
고용보험 ([ ]보험관계 성립신고서 [ ]보험가입신청서)
산재보험 ([ ]보험관계 성립신고서 [ ]보험가입신청서)

* 유의사항 및 작성방법은 제1쪽 뒷면을 참고하여 주시기 바라며, 색상이 어두운 난은 신청인이 적지 않습니다. (제1쪽 앞면)

접수번호		접수일		처리기간 건강보험·국민연금 3일 고용·산재5월 5일
공통	사업장	사업장관리번호 / 명칭 / 소재지 우편번호(-) / 우편설 수령지 우편번호(-) / 전화번호(유선) (이동전화) / 업태 종목 (주생산품) / 사업자등록번호 법인등록번호 / 주거래 은행 (은행명) (예금주명) (계좌번호)		사업장 형태 [ ]법인 [ ]개인 / 전자우편주소 / FAX번호 / 업종코드
	사용자 (대표자)	성명 주민(외국인)등록번호 전화번호 / 주소		
	보험료 자동이체신청	은행명 계좌번호 / 예금주명 예금주 주민등록번호		
	전자고지 신청 [ ]전자우편 [ ]이동전화	수신처(전자우편주소 또는 이동전화번호) / 수신자 성명 수신자 주민등록번호	무권고지서 [ ]수령 [ ]미수령	
국민연금/건강보험		건설현장 사업장 [ ]해당 [ ]비해당 건설현장 사업기간		
연금(고용)보험료 지원 신청		「국민연금법」 제10조의3 또는 「고용보험 및 산업재해보상보험의 보험료징수 등에 관한 법률」 제21조에 따라 아래와 같이 연금(고용)보험료 지원을 신청합니다(근로자 수가 10명 미만인 사업장만 해당합니다). 국민연금 [ ] 고용보험 [ ]		
국민연금		근로자수 가입대상자수 적용 연월일 / 분리적용 사업장 [ ]해당 [ ]비해당 본점 사업장관리번호		
건강보험		적용대상자수 본점 사업장관리번호 적용 연월일 / 사업장 특성부호 회계종목(공무원 및 교직원기관만 작성) 1 2 3		
고용보험		상시근로자수 피보험자수 / 보험사무대행기관 (명칭) (변호) / 주된 사업장 명칭 사업자등록번호 / 총상시근로자수 총피보험자수 업종 / 우선지원 대상기업 [ ]해당 [ ]비해당 주된 사업장관리번호		성립일
산재보험		상시근로자수 성립일 사업종류코드 / 사업의 형태 [ ]계속 [ ]기간이 정해져 있는 사업(사업기간: -) / 성립신고(가입신청)일 현재 산업재해발생 여부 [ ]있음 [ ]없음 / 주된 사업장 여부 [ ]해당 [ ]비해당 주된 사업장관리번호 / 원사업주 사업장관리번호 또는 사업개시번호 (사내하도급 수급사업주인 경우만 기재)		

위와 같이 신고(신청)합니다.

❷ 사업장 가입 이후 별도로 두루누리 지원 신청하는 경우(최초 가입 시에는 두루누리 지원 대상자가 없었으나, 추후 대상자 발생)

· 4대사회보험 정보연계센터 홈페이지 > 사업장 업무 > 두루누리보험료지원

❸ 국민연금EDI와 고용·산재보험 토탈서비스 사이트에서 각각 신청

· 국민연금EDI > 사업장 또는 세무대리인 로그인 > 업무대행 > 사업장 선택 > 연금 고유신고서 > 사업장 국민연금보험료 지원신청

· 고용·산재보험 토탈서비스 > 사업장 또는 사무대행 로그인 > 민원신청

❹ 서면 신고

보험료지원신청서 작성하여 사업장 소재지 관할 근로복지공단 또는 국민연금공단 지사에 방문, 우편, 팩스로 제출합니다.

TIP. 서식 찾기

· 4대사회보험 정보연계센터(www.4insure.or.kr) > 자료실 > '서식 자료실' 클릭

· 근로복지공단 홈페이지(www.kcomwel.or.kr) > 메인화면 > '서식 자료' 클릭

· 국민연금공단 홈페이지(www.nps.or.kr) > 민원신청 > '서식 찾기' 클릭

Q 지원 대상에 해당되면, 연도가 바뀔 때마다 지원 신청을 해야 하나요?

A 사업장이 보험연도 말 현재 보험료 지원을 받고 있고 그 보험연도 중 보험료 지원기간(국민연금보험료의 경우 해당 보험연도)의 월평균 근로자인 피보험자 수가 10명 미만인 경우에는 재신청 절차 없이 다음 연도에도 계속 지원됩니다.

* 매년 12월 말 기준 지원 중인 사업으로 보험료 지원기간의 월평균 근로자인 피보험자 수가 10명 이상이면 지원 대상에서 제외

Q 외국인 근로자도 지원이 가능한가요?

A 고용보험 지원대상은 되지만, 국민연금은 지원되지 않습니다. 다만, 국민연금 가입자인 외국인 근로자는 지원대상 사업장 규모 판단시 근로자 수에는 포함됩니다.

Q 지원신청을 늦게 하는 경우 언제부터 지원되나요?

A 보험료 지원은 신청한 날이 속하는 달부터 지원이 가능하기 때문에 소급하여 지원하지는 않습니다. 즉, 신청한 날이 월초이거나 월말인지는 따지지 않고 그 달부터 지원하지만 그 이전에 대해서는 지원하지 않습니다. 고용보험 피보험자격 취득신고를 늦게 한 경우에도 지원금은 소급하지 않고 신고한 날이 속하는 달부터 지원합니다.

일자리안정자금

소규모 사업을 운영하는 사업주와 소속 근로자의 사회보험료 중 고용보험과 국민일자리안정자금은 최저임금 인상에 따른 소상공인 및 영세중소기업의 경영 부담을 완화하고, 노동자의 고용불안을 해소하기 위한 지원 사업입니다.

◆ 지원 대상 ◆

❶ 사업장 요건: 직전 3개월간 매월 말일 평균 상시근로자 수가 30명 미만인 사업장
❷ 근로자 요건: 월평균보수가 219만 원 이하인 근로자(일용노동자는 1일 8시간 기준 100,500원 이하)

> TIP.
> · 상시근로자란 해당 사업(주)의 상용, 임시, 일용 등 모든 노동자를 포함하나, 사업주와의 특수관계인(배우자, 직계존비속)은 제외합니다.
> · 업종 특성 및 인건비 부담 주체(입주민)등을 감안하여 공동주택(아파트, 연립주택, 다세대주택) 경비청소원은 30인 이상인 경우에도 지원합니다.

◆ 지원 내용 ◆

❶ 상용노동자 5인 미만 사업장: 1인당 월 최대 7만 원
❷ 상용노동자 5인 이상 사업장: 1인당 월 최대 5만 원

❸ 월중 입사, 휴직한 경우 근무일수에 비례하여 지급

❹ 단시간 노동자(소정근로시간 주 40시간 미만): 근로시간 비례 지급

소정근로시간(주 단위)	월 지급액
30시간 이상 ~ 40시간 미만	40,000원
20시간 이상 ~ 30시간 미만	30,000원
10시간 이상 ~ 20시간 미만	20,000원
10시간 미만	미지원

❺일용근로자: '월 근로일수' 기준으로 비례 지급(1개월 동안 10일 이상 근무한 경우 지원)

월 근로일수	월 지급액
22일 이상	50,000원
19일 이상 ~ 21일 이하	40,000원
15일 이상 ~ 18일 이하	30,000원
10일 이상 ~ 14일 이하	20,000원

◆ 지급 방식 ◆

❶ 직접 지급: 개인 사업주 또는 법인 통장으로 입금

❷ 사회보험료 대납: 건강보험공단에서 사업장별 4대보험 월별 고지금액에 따라 대납 처리

◆ 신청 방법 ◆

일자리안정자금은 온라인 및 오프라인(방문, 우편, 팩스)으로 모두 신청이 가능하지만, 제출하는 서식이 여러 가지라 실무적으로 첨부 서식을 착오로 잘못 제출하거나 누락하는 경우가 종종 발생합니다. 따라서 상황에 맞는 정확한 서식을 제출해야 합니다. 신청서는 일자리안정자금 홈페이지(jobfunds.or.kr)에 접속하여 '신청서 다운로드' 메뉴에서 확인합니다.

◆ 일자리안정자금 조회하기 ◆

근로복지공단 고용·산재보험 토탈서비스(total.kcomwel.or.kr)에 로그인하여 지급받은
일자리안정자금 금액과 대상자를 조회하면 됩니다.

Q 월평균보수에 따른 환수기준 및 조치는?

A 예측할 수 없는 초과근로, 상여금 등으로 인해 월평균보수는 연중 유동적일 수 있으므로 이를 고려하여, 2021년도에 신고한 20년분 확정 보수총액을 토대로 산정된 월평균보수가 219만 원의 110% 수준인 241만 원을 초과한 경우, 지원요건을 갖추지 못한 것으로 간주하고 해당 근로자에 대한 지원금은 전액 환수 조치합니다.

Q 특수관계인(사업주, 배우자, 사업주의 직계존비속) 중 근로자성 판단을 거쳐 고용보험에 가입이 된 경우에도 지원이 불가능한가요?

A 경감제도 중단으로 불가능합니다.

Q 권고사직이 발생하는 경우 지원이 중단되나요?

A 일자리안정자금을 지원받는 기간 동안 고용조정으로 인해 지원 대상 근로자를 퇴직시킬 경우 지원에서 제외합니다. 경영상 필요 및 회사 불황으로 인원 감축을 하는 고용조정의 경우 예외적으로 지원이 가능하니 이 점 유의하시기 바랍니다.

· 재고량 급증, 생산량, 매출액 감소, 사업 규모 축소 등 고용조정이 불가피할 시

· 근로자의 귀책 사유에 의한 징계해고, 권고사직의 경우

단, 위의 경우는 모두 사업주가 소명할 수 있어야 합니다.

별첨

가산세

부가가치세와 관련하여 많은 가산세가 존재합니다. 가장 많이 발생하는 경우는 세금계산서 지연발급, 수취가산세, 신고불성실가산세, 납부불성실가산세 등이 있습니다.

종류	사유	가산세액
(1) 미등록 및 타인명의 등록 가산세	사업 개시일부터 20일 이내에 사업자등록을 하지 않은 경우나 타인명의로 등록한 경우	공급가액 × 1%
(2) 세금계산서(전자세금계산서 포함) 지연발급 *공급 시기가 속하는 과세기간에 대한 확정신고 기한까지 발급		공급가액 × 1%
(3) 세금계산서의 필요적 기재사항 부실기재 가산세		공급가액 × 1%
(4) 세금계산서(전자세금계산서 포함) 미발급가산세 * 전자세금계산서 의무발급자가 전자 외로 발급한 경우 공급가액의 1% ** 둘 이상의 사업장을 가진 사업자가 자신의 다른 사업장 명의로 세금계산서를 발급한 경우 부과하는 가산세율: 공급가액의 1		공급가액 × 2%
(5) 가공세금계산서 발급(수취) 가산세, 자료상 허위세금계산서 발급(수취) 가산세		공급가액 × 3%
(6) 위장세금계산서발급(수취) 가산세		공급가액 × 2%
(7) 세금계산서등의 공급가액 과다기재 발급(수취)가산세		공급가액 × 2%
(8) 경정기관 확인 신용카드 매출전표 등 가산세	경정기관의 확인을 거쳐 신용카드 등의 매입세액을 공제받는 경우	공급가액 × 0.5%
(9) 매출처별세금계산서합계표 불성실 가산세	미제출 부실기재	공급가액 × 0.5%
	지연제출	공급가액 × 0.3%
(10) 매입처별세금계산서 합계표 불성실가산세	❶ 매입세금계산서 지연수취	공급가액 × 0.5%
	❷ 합계표의 미제출 부실기재로 경정시 세금계산서 등에 의하여 매입세액 공제받는 경우	
	❸ 합계표의 공급가액을 과다기대하여 매입세액공제 받은 경우	

(11) 신고불성실가산세	❶ 무신고	ⓐ 부당무신고	해당세액 × 40%(역외거래 60%)
		ⓑ 일반무신고	해당세액 × 20%
		ⓒ 영세율·과세표준무신고	ⓐ or ⓑ + 영세율과표 × 0.5
	과소신고(초과환급)	ⓐ 부당 과소신고 (초과환급)	❼ + ❺ ❼ 부정과소신고가산세 : 과고신고납부세액 등 × 40% (역외거래 60%) ❺ 일반과소신고가산세: (총과소신고납부세액 – 부정과소신고납부세액) × 10%
		ⓑ일반 과소신고(초과환급)	해당세액 × 10%
		ⓒ영세율과세표준 과소	ⓐ or ⓑ + 영세율과표 × 0.5
(12) 납부지연 가산세	미달납부(초과환급받은) 세액		ⓐ+ⓑ ⓐ 미납세액 × 기간 × 2.5/10,000 납부기한의 다음날 ~납부일 (납세고지일 ~ 납세고지서에 납부기한은 제외) ⓑ 납부고지 후 미납세액 × 3%
(13) 현금매출명세서 가산세	❶ 현금매출명세서 미제출 가산세		미제출 또는 부실기재금액 × 1%
	❷ 부동산임대공급가액명세서 미제출 가산세		
(14) 매입자 납부특례 거래계좌 미사용에 대한 가산세	❶ 거래계좌 미사용		제품가액 × 10%
	❷ 거래계좌 지연입금		지연입금 세액 × (2.5 /10,000) × 일수
(15) 대리납부 불성실 가산세	대리납부의 불이행		ⓐ+ⓑ ⓐ 미납세액의 3% ⓑ 미납세액 × 기간 × 2.5/10,000 * 미납기간: 납부기간의 다음날부 납부일까지의 기간 (납세고지일부터 납세고지서에 따른 납부기한까지의 기간은 제외한다) ** 한도: 미납(과소납부)세액 × 50% (ⓐ+ⓑ 중 법적납부기한의 다음 날부터 납세고지일까지의 기간에 헤당하는 금액은 10%)

(16) 전자세금계산서 발급명세서 지연전송가산세(법인, 개인의무발급자)	전자세금계산서 발급 의무 사업자가 전자세금계산서 발급일의 다음 날이 지난 후 공급 시기가 속하는 확정신고 기한 내에 전송	공급가액 × 0.3%
(17) 전자세금계산서 발급명세 미전송가산세(법인, 개인 의무발급자)	전자세금계산서 발급 의무 사업자가 전자세금계산서 발급일의 다음 날이 지난 후 공급 시기가 속하는 확정신고 기한 내에 미전송	공급가액 × 0.5%

· 가산세 중복적용 배제

(2),(4) 적용분 (3),(16),(17) 배제

(3) 적용분 (16), (17) 배제

(1) 적용분 (16),(17) 배제

(2),(3),(16),(17) 적용분 (9) 배제

(4),(5),(6),(7) 적용분 (1),(9),(10) 배제

(6) (위장발급) 적용분 (4) (미발급) 배제

(7) (과다기재발급) 적용분 (3) 배제

외국인거주자와 비거주자의 연말정산 소득·세액공제 비교

항목		사유		비고
		외국인 거주자	비거주자	
연간 근로소득		국외원천 소득포함	국내 원천소득	소득세법 제3조에 따른 단기거주 외국인은 국외원천소득 중 국내에서 지급되거나 국내로 송금된 소득에 대해서만 과세됨
근로소득공제		○	○	
인적공제	기본공제	○	본인만 공제	
	추가공제	○	본인만 공제	
연금보험료 공제		○	○	본인이 납부하는 국민연금보험료에 한함
특별 소득공제	건강·고용·보험료 등	×	×	
	주택자금	○	○	
그 밖의 소득공제	개인연금저축 소기업 등 공제부금 투자조합출자 신용카드 등 사용금액 고용유지중소기업 목돈 안드는 전세 이자 장기집합투자증권저축	○	×	
	주택마련저축	×	×	외국인은 세대주·세대원에 해당하지 않음
	우리사주조합출연금	○	○	우리사주조합에 가입하여 출연한 금액에 한함
세액공제	근로소득	○	○	
	자녀, 특별세액공제 (보험료, 의료비, 교육비, 기부금)	○	×	
	납세조합	○	○	납세조합 가입자가 납세조합에 의하여 소득세 원천징수 신고·납부시 적용

외국인 근로자의 경우 소득,세액공제 대신 '급여총계 × 단일세율(19%)' 선택 가능

소득, 세액공제 항목별 제출 서류 요청하기

연말정산대상자에게 연말정산을 위해 증명이 가능한 서류를 요청해야 합니다. 아래 서류 중 국세청 연말정산 간소화서비스에서 제공되는 것이라면, 간소화서비스 자료를 제출하는 것이 간편합니다.

항목		제출 서류	발급처	간소화
인적공제	공통서류	주민등록표등본 가족관계증명서(주민등록표로 가족관계 확인이 어려운 경우)	정부24, 대법원전자가족관계등록시스템, 읍·면·동 주민센터	
	일시퇴거자	일시퇴거자동거가족상황표	본인 작성	
		재학·요양·재직증명서 등	학교·요양기관·직장	
		사업자등록증사본(사업상 형편)	본인 보관	
	입양자	입양증명서/입양사실확인서	정부24 또는 읍·면·동 주민센터	
	위탁아동	가정위탁보호확인서	시·군·구청 아동복지과	
	기초수급자	수급자증명서	정부24 또는 읍·면·동 주민센터	
	장애인	(장애인복지법상) 장애인증명서·장애인등록증(복지카드) 사본	정부24 또는 읍·면·동 주민센터	
		(국가유공자 등 상이자) 상이증명서	국가보훈처	
		(그 외) 장애인증명서	해당 의료기관	
주택자금 공제	금융기관 등 차입주택 임차차입금	주민등록표등본	정부24 또는 읍·면·동 주민센터	
		주택자금상환증명서	해당 금융기관	
	개인간 차입주택 임차차입금	월세액·거주자간 주택임차차입금 원리금 상환액 소득·세액공제 명세서	본인 작성	
		주민등록표등본	정부24 또는 읍·면·동 주민센터	
		주택자금상환증명서 임대차계약서, 금전소비대차계약서 사본 상환증명서류(계좌이체영수증 등)	본인 작성	

주택자금 공제	장기주택 저당차입금	장기주택저당차입금 이자상환증명서	해당 금융기관	
		주민등록표등본	정부24 또는 읍·면·동 주민센터	
		개별(공동)주택가격확인서	국토교통부 부동산공시가격알리미 또는 시·군·구청	
		건물등기부등본	대법원 인터넷등기소	
		기존 및 신규차입금 대출계약서 사본(대환, 차환, 연장 시)	해당 금융기관	
		분양권계약서 사본(분양권에 한함)	본인 보관	
개인연금저축		개인연금저축납입증명서 또는 통장사본	금융회사 등 또는 본인 보관	○
소기업·소상공인공제		공제부금납입증명서	중소기업중앙회	○
주택마련저축		주택마련저축납입증명서 또는 통장사본	금융회사 등 또는 본인 보관	○
투자조합 출자공제		출자 등 소득공제신청서	본인 작성	
		출자(투자)확인서	투자조합관리자 등	
신용카드 등 사용액		신용카드 등 소득공제 신청서	본인 작성	
		신용카드 등 사용금액 확인서	카드회사	○
우리사주조합출연금		우리사주조합출연금액확인서	우리사주조합	
장기집합투자증권저축		장기집합투자증권저축 납입증명서	금융회사 등	○
연금보험료	퇴직연금계좌	연금납입확인서	연금계좌취급자	○
	연금저축계좌	연금납입확인서	연금계좌취급자	○
보험료	보장성보험	보험료납입증명서 또는 보험료납입영수증	보험사업자	
의료비	의료비명세서	의료비지급명세서	본인 작성	○
	의료기관·병원	계산서·영수증, 진료비(약제비)납입확인서	병의원, 약국	○
	난임시술비	진료비(약제비)납입확인서	병의원, 약국	
	안경(콘택트렌즈)	사용자의 성명과 시력교정용임을 안경사가 확인한 영수증	구입처	

의료비	보청기, 장애인보장구	사용자의 성명을 판매자가 확인한 영수증	구입처	
	의료기기	의사·치과의사·한의사의 처방전	병의원	
		판매자 또는 임대인이 발행한 의료기기명이 기재된 의료비영수증	구입처	
	노인 장기요양	장기요양급여비 납부확인서	요양기관	○
	건강보험산정 특례 대상자	장애인증명서 등 건강보험 산정특례 대상자로 등록된 자임을 증명할 수 있는 서류	의료기관 등	
	산후조리원 비용	이용자의 성명과 이용대가를 확인한 영수증	산후조리원	○
교육비	수업료, 등록금 등	교육비납입증명서	교육기관	○
	취학 전 아동 학원비	교육비납입증명서	학원	
	교복 구입비	교육비납입증명서	구입처	
	학교 외 도서구입비	방과후 학교 수업용 도서 구입 증명서	교육기관	
	장애인 특수교육비	교육비납입증명서	사회복지시설 등	○
		장애인 특수 교육시설 해당 입증 서류	사회복지시설 등	
	학자금대출 상환액	교육비납입증명서	한국장학재단 등	○
	국외 교육비	교육비 납입을 증명 할 수 있는 서류	국외 교육기관	
		재학증명서		
		부양가족의 유학자격 입증 서류 (근로자가 국내 근무하는 경우)	교육기관 등	
	기부금	기부금명세서	본인 작성	
		정치자금기부금 영수증	중앙선관위 또는 기부처	○
		기부금 영수증	보험사업자	○
	주택자금 차입금 이자세액공제	미분양주택확인서(근로자는 주택자금이자세액공제 신청서 작성) 금융기관이 발행한 차입금이자 상환증명서 매매계약서 및 등기부등본	지방자치단체	○

외국인기술자 세액감면	외국인 기술자의 근로소득세 감면신청서	본인 작성	
외국인기술자 세액감면	외국인 근로소득세액감면신청서	본인 작성	
중소기업 취업자 소득세 감면	중소기업 취업자 소득세 감면신청서	본인 작성	
외국납부세액공제	외국납부세액공제(필요경비산입)신청서	본인 작성	
월세액	월세액·거주자간 주택임차차입금 원리금 상환액 소득·세액공제 명세서	본인 작성	
	주민등록표등본	읍·면·동 주민센터	

대리님 세무 신고 이렇게 하는 게 맞아요?

위기의 신입 사원! 부가가치세, 종합소득세, 4대보험, 회계 실무

• •

초판 1쇄 인쇄 2021년 6월 18일
초판 1쇄 발행 2021년 6월 28일

지은이   홍지영, 김혜진
펴낸이   이준경
편집장   이찬희
책임편집   김아영
책임디자인 정미정
디자인   김정현
마케팅   양지환
펴낸곳   (주)영진미디어

출판 등록 2011년 1월 6일 제406-2011-000003호
주소   경기도 파주시 문발로 242 파주출판도시 (주)영진미디어
전화   031-955-4955
팩스   031-955-4959

홈페이지 www.yjbooks.com
이메일   book@yjmedia.net
ISBN   979-11-91059-10-6 13320
값   15,500원